KB129034

행동과학포럼 4

빅데이터 분석과 활용

| 한국행동과학연구소 편저 |

BIG DATA

Analytics and Applications in Social Sciences

학지사

머리말

빅데이터 기술은 급속히 발전하여 금융, 의료, 공학, 통신, 군사 등 다양한 분야에서 널리 활용되고 있습니다. 가령 구글, 애플, 페이스북 등 세계적인 거대 IT 기업들이 하루에 다루는 데이터만 해도 양적으로 가히 천문학적이라 할 수 있으며, 대부분의 데이터는 기존의 정형화 데이터에 국한되지 않고 텍스트 기반의 비정형 자료들이 더 큰 비중을 차지하고 있습니다. 이처럼 방대한 양의 빅데이터를 분석하기 위해서는 기존의 양적 분석 기법과는 별도로 고도의 분석 로직과 알고리즘이 필요하기 때문에 빅데이터 활용 지식과 기술을 갖춘 고급 기술자들의 수요가 그 어느 때보다 크게 증가하고 있습니다. 그리고 산업 분야 전반에 걸쳐 부가 가치 창출 가능성이 높은 빅데이터 기술 수요도 증가하는 추세입니다.

한국행동과학연구소에서는 이러한 빅데이터 기술의 발전 추세에 몇 년 전부터 주목하여, 교육 연구 및 인적 자원 개발 측면에서 '인재의 선발과 양성' 관련 빅데이터 및 인공지능에 관한 최신 기술의 현황과 적용 사례를 살펴보는 학제 간 학술포럼을 개최해 오고 있습니다. 2017년에 한국교육과정평가원과 공동으로 '미래 교육연구와 빅데이터 활용방안 탐색'이라는 주제의 학술세미나를 주관하였고, 2018년에는 인공지능 분야를 포함한 빅데이터 관련 학술포럼을 두 번에 걸쳐 개최한 바 있습니다.

이 책은 그동안 한국행동과학연구소가 주최한 빅데이터 학술포럼에서 발표된 원고와 토론 내용을 정리한 것으로서 빅데이터에 관한 전반적인 이해도를 높일 뿐만 아니라, 인간행동 분야에서 빅데이터를 통한 부가가치의 창출을 위한 시사점을 찾고자 발간하는 것입니다. 이 책의 주요 내용은 빅데이터의 특성과 분석 기법, 금융 분야 빅데이터 분석법과 국내외 활용 사례, 인간 연구 분야 빅데이터 활용 방안, 빅데이터를 활용한 국가수준 학업성취도 평가의 주요 이슈 분석, 그리고 빅데이터 플랫폼과 데이터 서비타이제이션 등에 관한 논의입니다.

구체적으로, '빅데이터의 특성과 분석 기법'에서는 빅데이터의 기본적인 특성과 분석 방법 소개, 국내외 활용 사례, 빅데이터의 가치 등을 다루었습니다. '금융 분야 빅데이터 분석법과 국내외 활용 사례'에서는 실제로 국내 모 카드회사에서 사용된 빅데이터 분석 사례를 포함하고 있습니다. '인간 연구 분야 빅데이터 활용 방안'과 관련해서는 비정형 데이터 중심의 빅데이터 생성 및 분석 기법을 텍스트 마이닝 위주로 소개하였으며, 문제행동 예측 및 인적자원 관리에 관한 활용의 시사점을 제공하고 있습니다. 그리고 '빅데이터를 활용한 국가수준 학업성취도 평가의 주요 이슈 분석'에서는 학업성취도 평가와 관련된 주요 이슈들을 개방형 빅데이터를 활용하여 분석한 내용과 학업성취도 평가 관련 정책 수립에 주는 시사점 등을 담고 있습니다. 마지막으로, '빅데이터 플랫폼과 데이터 서비타이제이션'에서는 여러 분야에서 빅데이터를 수집하고 활용하기 위한 각종 플랫폼의 필요성과 중요성, 이러한 플랫폼들을 통해 데이터의 고부가가치 창출을 위한 소위 데이터(제품)와 서비스를 결합한 서비타이제이션(servitization)에 관한 내용을 제시하였습니다. 아무쪼록 빅데이터 분석과 활용에 관한 입문서 성격의 이 책이 빅데이터에 관심이 있는 많은 독자에게 도움이 될 수 있기를 기대합니다.

끝으로, 이 자리를 빌려서 바쁘신 중에도 귀중한 시간을 내어 훌륭한 원고를 작성하고 학술포럼 현장에서 발표하거나 토론하여 주신 여러 선생님께 대단히 감사하다는 말씀을 드립니다. 또한 이 책이 발간되기까지 수고한 한국행동과학연구소 관계 직원들과 학지사 편집진 여러분께 감사의 마음을 전합니다.

2019년 1월

한국행동과학연구소

소장 이종승

차례

II. 금융 분야 빅데이터 분석법과 국내외 활용 사례_장석호 41

III. 인간 연구 분야 빅데이터 활용 방안_정연주 91

I 빅데이터의 특성과 분석 기법

김우주(연세대학교 산업공학과 교수)

1. 빅데이터 시대

가. 빅데이터란?

2011년 맥킨지(McKinsey) 사에서는 빅데이터를 일반적인 데이터베이스 소프트웨어가 저장 · 관리 · 분석할 수 있는 범위를 초과하는 대규모 데이터라고 정의했다. 매 1분마다 1,700조 바이트의 데이터가 쌓이고 있고, 이는 DVD 36만 장에 해당하는 분량이다. 빅데이터 부문은 매년 40%라는 큰 폭의 성장률을 보이고 있다.

빅데이터는 이미 경제 전반에 많은 영향을 미치고 있다. 데이터 기반의 의사결정방식은 다양한 부문에서 5~6%의 효율성 증대를 가져오고 있으며, 지능형 데이터 처리는 사회적 과제 해결에 매우 중요한 기여를 하고 있다.

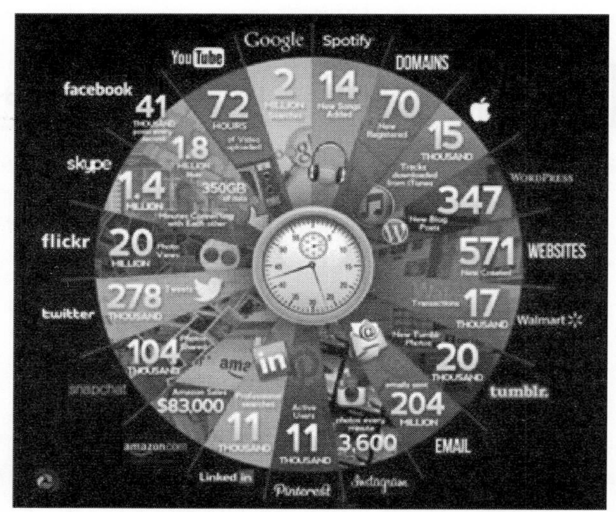

[그림 1-1] 빅데이터 시대의 도래

출처: https://www.slideshare.net/mickyates/leadership-in-the-big-data-era

나. 빅데이터 시대

(1) 유럽연합(EU)의 빅데이터 대응

2013년 10월, 유럽정상위원회(European Council Summit)는 빅데이터를 위해 지원체계를 구축하기로 결의했다.

(2) 미국의 빅데이터 대응

오바마 정부는 2012년에 이미 대량의 이질적 디지털 데이터로부터 지식을 습득할 수 있는 역량을 육성하기 위하여 6개 정부기관을 통해 200만 달러의 예산확보와 함께 국가 빅데이터 R&D 전략을 발표하였다.

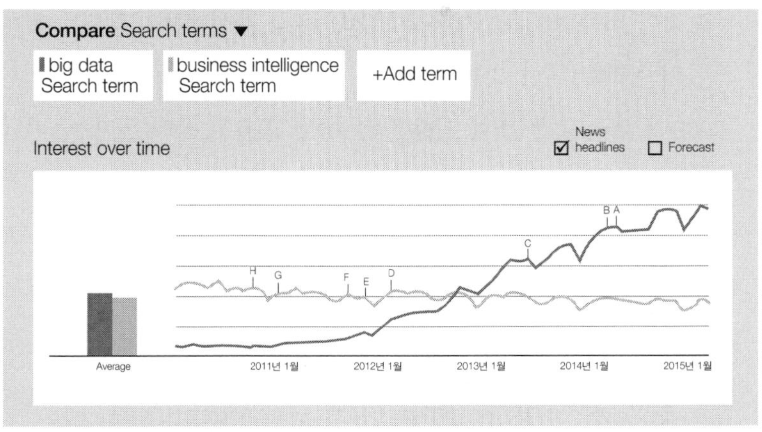

[그림 1-2] 구글 트렌드(Google trend)로 본 빅데이터

다. 빅데이터 초기 활용의 예

(1) 머니볼: 오클랜드 어슬레틱스(Oakland Athletics) 야구단과 단장 빌리 빈(Billy Bean)의 이야기

빌리 빈(Billy Bean)은 하버드 대학교에서 경제학을 전공한 폴 데포데스터(Paul DePodesta)를 영입하여 타율, 타점, 홈런 등 흥행 요소만을 중시하던 야구계에서 출루율 · 장타율 · 사사구 비율이 승부와 관련되어 있음을 간파하고 데이터를 수집 · 분석 · 활용했다. 이를 통해 빈은 좋은 선수를 발굴하여 이들을 적재적소에 배치해 최하위에 그치던 팀을 4년 연속 포스트시즌에 진출시키고 메이저리그 최초로 20연승이라는 신기록을 세웠다.

(2) 마이 버락 오바마 닷컴: 2012년 미국 대선에서의 데이터 분석 기반 예측

2008년 대통령 선거 때 활용했던 가상 캠페인 센터인 '마이 버락 오바마 닷컴(mybarackobama.com)'을 가동하여 지지자들이 자발적으로 자신들의 성별, 나이, 거주지 등의 기본적인 정보와 코멘트, 그리고 사진과 비디오 포스트를 제공하도록 유도하였다. 취합된 정보는 시카고에 있는 본부로 보내져 이를 통해 2012년 재선을 준비할 때 개인 맞춤 정보를 기반으로 하는 빅데이터 분석으로 효율적인 선거 운동을 하고 유권자의 마음을 얻는 데 성공했다.

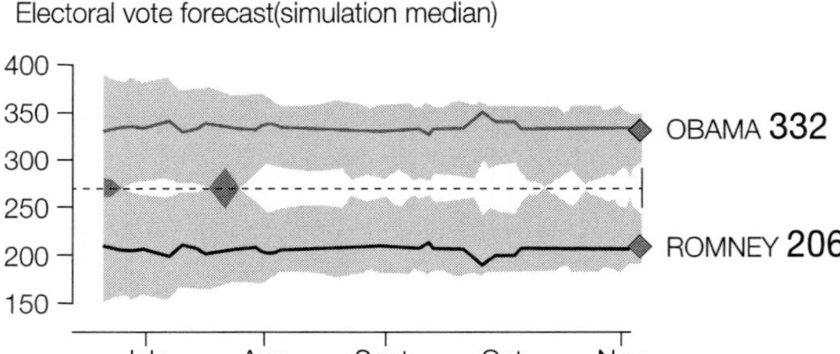

[그림 1-3] 선거 시뮬레이션

출처: https://www.ethz.ch/content/dam/ethz/special-interest/gess/cis/international-relations-dam/Teaching/pwgrundlagenopenaccess/Weitere/VOTAMATIC.pdf

라. 빅데이터의 세 가지 특성

(1) 다양성(variety)

텍스트, 숫자, 이미지, 오디오, 동영상, 순서, 시계열, 소셜 미디어 데이터, 다차원 데이터 등 다양한 구조를 가지는 데이터의 복잡성이 빅데이터의 특성이라고 볼 수 있다. 데이터의 생성 및 저장 방법에 따라 정적 데이터와 스트리밍 데이터로 구분하기도 하고, 형태가 기존의 정해진 구조를 따르는지 아닌지에 따라 정형 · 반정형 · 비정형 데이터로 구분하기도 한다. 이런 다양한 데이터로부터 지식을 추출하려면, 이런 데이터들이 상호 연결되어야 한다.

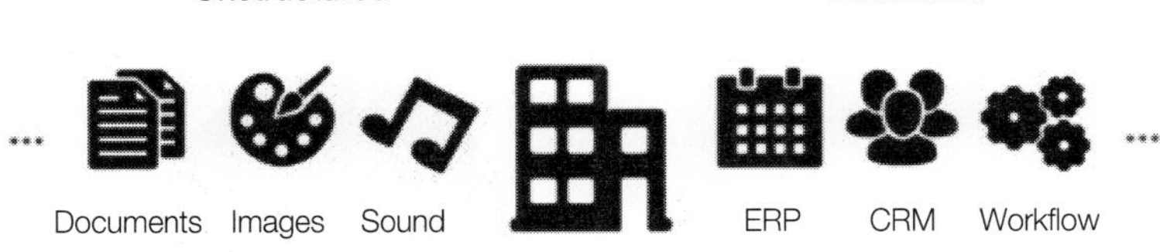

[그림 1-4] 다양한 형식, 형태, 구조의 데이터

출처: https://www.building-blocks.nl/blog/different-types-of-data-sources

(2) 속도(velocity)

스트리밍 데이터, 즉 지속적으로 생성되는 데이터나 대량의 데이터 이동이 일상적인 일이 되는 것이 빅데이터 시대의 특징이다. 이처럼 데이터가 매우 빠르게 생성되고 이동하므로 데이터에 대한 처리도 빨라져야 할 필요성이 있다. 의사결정의 지연은 곧 기회 포착의 실패를 초래하므로 온라인 데이터 분석이 중요해지고 있는 실정이다. 속도가 중요하다는 것을 보여 주는 분야로는 전자 프로모션(e-promotions)이 있다. 위치, 구매 이력, 선호도를 통해 적시 적소에 홍보하는 것이다. 한편, 헬스케어 모니터링(healthcare monitoring)은 활동과 생체 신호 모니터링을 이용해 이상 징후 탐지 및 응급조치를 실시한다.

(3) 양(volume)

데이터의 양을 측정하는 단위는 테라바이트(Terabytes, TB)에서 페타바이트 (Petabytes, 1K TBs)로, 나아가 제타바이트(Zetabytes, 1B TBs)에 이르고 있다.

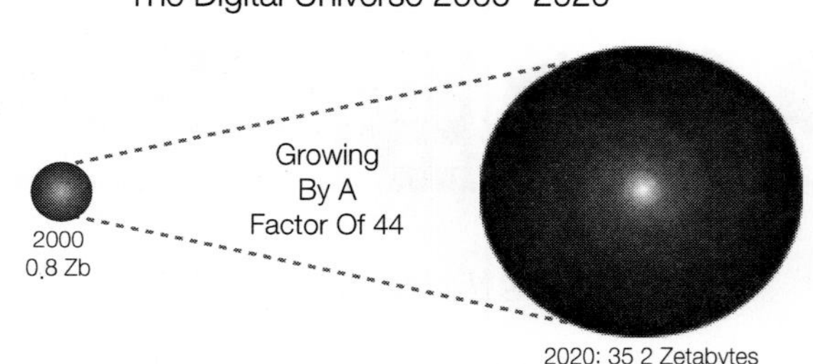

[그림 1-5] 데이터의 양적 팽창

출처: IDC(International Data Corporation) (2010).

마. 빅데이터 가치의 원천

빅데이터 분석은 '지속적 개선방식의 데이터 주도적 의사결정 체계'라는 가치를 가진다. Satell(2013)은 'Why Big Data Matters'에서 빅데이터는 우리의 업무방식에의 본질적인 변화를 의미한다고 하였으며, 빅데이터가 전략 수립에 있어 베이지언(Bayesian) 접근을 가능케 한다고 하였다. 한 번의 자료 수집과 분석에 기반한 전략 수립보다는 실시간 정보의 변화에 따라 점진적인 개선방식(less wrong over time)을 취한다는 것이다. 즉, 데이터 기반 접근방식을 통해 의사결정의 성과를 지속적으로 향상시킨다.

$$P(A|D) \propto P(A)P(D|A), A \text{ is action and } D \text{ is observed data.}$$

[그림 1-6] 빅데이터 분석의 베이지언 접근

2. 대표적 국내외 빅데이터 활용 사례

가. 해외 사례

해외의 빅데이터 활용 사례로는 구글이 검색어를 기반으로 독감 예보를 할 수 있는 가능성을 본 독감 트렌드가 대표적이며, 그 외에도 다양한 분야에서 사례가 만들어지고 있다.

■ 표 1-1 해외 빅데이터 활용 사례

사례	내용
구글의 독감 트렌드	• 독감 관련 검색어 분석을 통한 독감 예보 가능성 확인
LA 경찰청의 범죄 예방 시스템	• 미국 LA 경찰청의 범죄 예방을 위한 빅데이터 분석 • PredPol: 빅데이터 기반 범죄 예방 시스템
Eye See 마네킹, 고객 정보 분석	• Eye See 마네킹: 카메라, 마이크, 얼굴인식 소프트웨어, 데이터 전송 장치 내장 • 샵 퍼세션: 월마트 매장 천장의 카메라와 3D 센서 기술을 이용하여 소비자의 제품 선택 행태 및 소요시간 정보 분석
미국 국세청	• 빅데이터 분석을 통한 탈세 및 사기 범죄 예방 시스템 구축

나. 국내 사례

국내의 빅데이터 활용 사례로는 KT와 서울특별시의 야간 버스 노선 분석이 대표적이며, 이외에도 카드사, 제조회사, 언론사에 이르기까지 다양한 기관에서 빅데이터를 활용하고 있다.

■ **표 1-2 국내 빅데이터 활용 사례**

사례	내용
KT, 서울특별시	• 빅데이터를 기반으로 하는 유동인구 분석 및 노선 분석: 서울특별시의 교통 환경(정류장/전용차로/환승) 기반 지역별 최적 정류장 위치 도출/KT의 CDR 데이터 기반 심야 시간 유동인구 및 목적지 통계 융합
BC카드	• 소상공인 창업 성공률 제고를 위한 상가 데이터 및 신용카드 거래 데이터 기반의 빅데이터 분석
○○약품	• SNS 토픽 및 인구통계학적 데이터와 약품 판매 데이터 기반 빅데이터 분석
중앙일보	• 박근혜 전 대통령 연설문 분석

3. 빅데이터의 현안

가. 빅데이터의 현안

모두 빅데이터를 한다고 하지만, 왜 하는 것인지 정작 그 가치를 인지하지 못하고 있다. 빅데이터 자체는 이미 안정화 단계에 접어들고 있다. 2013년 기업 중 30%가 빅데이터 사업을 시작했고, 나머지 34%는 2년 내에 시작할 것이라고 응답했다. 하지만 대부분의 사람은 빅데이터가 무엇이고 어떻게 하는 것인지 이해하지 못하는 실정이다.

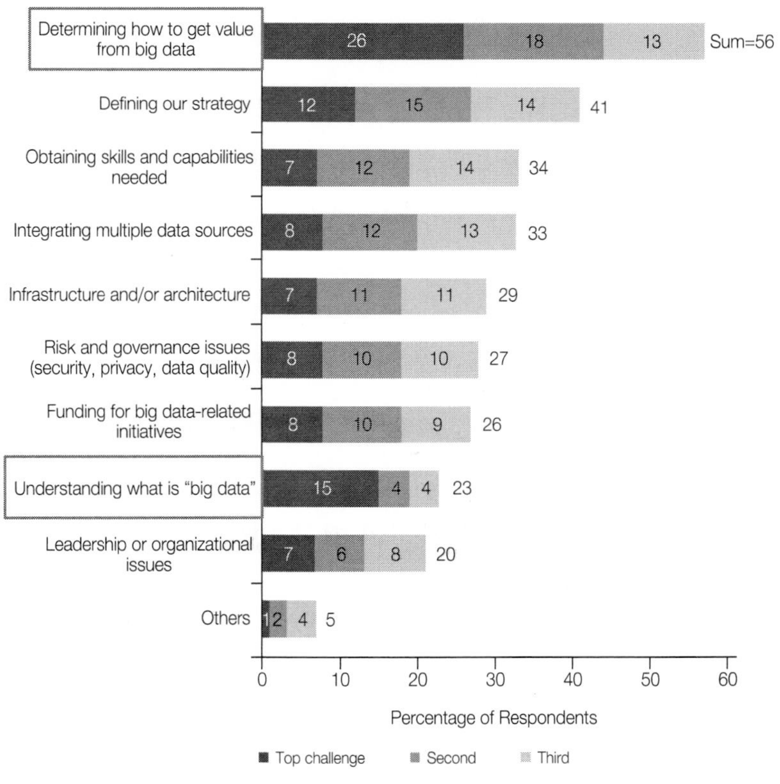

[그림 1-7] Top big data challenge

출처 : Gartner-Survey Analysis: Big Data Adoption in 2013 Shows Substance Behind the Hype-12 September 2013-G00255160.

나. 빅데이터에 대한 오해

(1) 빅데이터는 오로지 양의 문제인가?

대부분의 빅데이터 과제에서는 데이터의 속도와 다양성이 더 중요한 요소이다.

(2) 풀리지 않는 모든 문제는 빅데이터 문제인가?

빅데이터 기술은 사전에 정의되지 않은 문제를 해결하거나 사용하기 어려웠던 데이터를 분석하는 데 가장 좋은 방법이다.

(3) 빅데이터는 하둡(Hadoop)으로만 가능한가?

NoSQL 기술(이질적 형식 데이터에 대한 실시간 처리)과 논리적 데이터 웨어하우스 기술 등이 실질적인 빅데이터 분석에 더 중요하다.

다. 빅데이터에 대한 최적의 접근 방법

데이터 프로젝트를 즉시 구축하고 있거나 계획을 하고 있는 기업 중 56%가 여전히 빅데이터로부터 어떤 가치를 도출할지 고민하고 있다. 즉, 일반적인 최적 기법이라는 것이 존재할 수 없다는 것이다. 하지만 빅데이터에 어떻게 접근해야 하는가와 관련하여, 다음과 같은 단계적 접근방식을 사용하는 것이 적절하다고 볼 수 있다.

- **과제 범위**: 초기에 소규모의 빅데이터 과제를 도출하고, 점차 범위를 넓혀 더 큰 과제로 나아간다.

- **분석 인력**: 초기에는 외부 빅데이터 전문가의 도움을 받지만, 차츰 외부 의존도를 줄여 나감과 동시에 내부 전문가를 양성한다.
- **방향성**: 시작 시점부터 최종 결과를 도출하려 하기보다는 명확한 방향성의 확보가 더 중요하다.

4. 빅데이터 분석 기술 소개

가. 당면 과제와 고등 분석의 필요성

현대 빅데이터 시대에서는 데이터의 양 자체가 폭발적으로 증가했을 뿐만 아니라 분석이 가능한 데이터의 범위가 크게 넓어졌다. 따라서 이 엄청난 데이터를 어떻게 처리해야 할 것인지가 당면 과제로 부상했다. 즉, 단순한 숫자나 문자에 불과한 데이터에서 정보, 나아가서는 지식을 어떻게 이끌어 낼 것인가가 중요한 문제가 된 것이다. 대량의 데이터를 가지고 있다고 해도 그것을 분석할 고등 분석 방법론이 없다면 무용지물에 불과하다.

고등 분석의 필요성은 지속적으로 제시되고 있다. 가트너(Gartner)는 매년 10개의 전략적 기술을 선정하여 제시하는데, 2010년대에 들어와서는 고등 분석(advanced analytics) 또는 차세대 분석(next-generation analytics)을 지속적으로 10개의 전략에 포함시키고 있다.

[그림 1-8] 데이터 분석의 필요성

출처: https://www.mindjet.com/blog/2011/12/drowning-from-information-overload/

2010	2011	2012
Cloud Computing	Cloud Computing	Media Tablets and Beyond
Advanced Analytics	Mobile Applications and Media Tablets	Mobile-Centric Applications and Interfaces
Client Computing	Social Communications and Collaboration	Contextual and Social User Experience
IT for Green	**Next Generation Analytics**	Internet of Things
Reshaping the Data Center	Video	App Stores and Marketplaces
Social Computing	Social Analytics	**Next-Generation Analytics**
Security-Activity Monitoring	Context-Aware Computing	Big Data
Flash Memory	Storage Class Memory	In-Memory Computing
Virtualization for Availability	Ubiquitous Computing	Extreme Low-Energy Servers
Mobile Applications	Fabric-Based Infrastructure and Computers	Cloud Computing

[그림 1-9] The top 10 strategic technologies

출처 : Gartner-Survey Analysis: Big Data Adoption in 2013 Shows Substance Behind the Hype-12 September 2013-G00255160.

나. 고등 분석 기술의 구분

콘스텔레이션 리서치(Constellation Research)의 닐 라덴(Neil Raden)은 고등 분석 기술들을 서술분석, 예측분석, 최적화(처방분석)의 3계층 구조로 구분하였다.

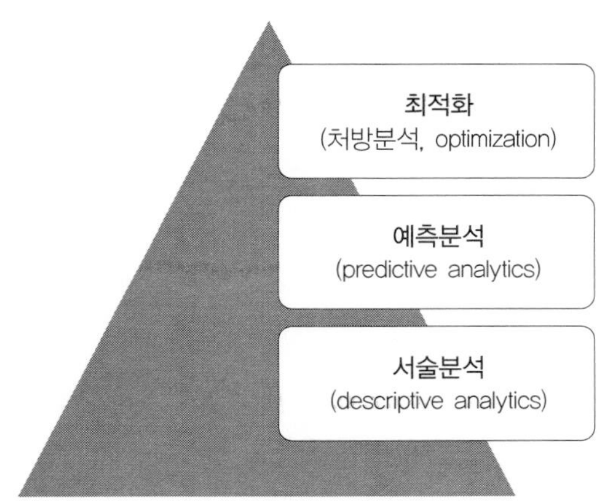

[그림 1-10] 고등 분석 기술

(1) 서술분석(descriptive analytics)

조나단 맥그루(Jonathan McGrew)는 서술분석을 "과거에서부터 현재까지 주어진 데이터로부터 현재의 상황을 설명할 수 있는 패턴(pattern)을 찾아, 사용자의 이해를 돕기 위해 표현하거나 설명하는 것"이라고 정의하였다. 대표적으로 주어진 기간 동안에 어떤 사건이 얼마나 많이 발생했으며, 얼마나 자주, 어디에서 발생했는지에 대한 정보를 제공하는 것은 서술분석에 속한다.

(2) 예측분석(predictive analytics)

예측분석의 목표는 과거의 데이터나 사건으로부터 미래에 발생 가능한 상황이나 사건을 예측하여 선제적인 의사결정을 지원하는 것이다(Charles Nyce, Senior Director of AICPCU). 예측분석 기술로는 회귀분석(regression analysis), 판별분석(discriminant analyisis), 신경망분석(neural network analysis), 의사결정나무(decision tree) 등이 있다.

(3) 처방분석(prescriptive analytics)

최적화(optimization)라고도 하는 처방분석은 예측을 기반으로 하여 여러 대안 중 최적의 의사결정에 대한 제안까지 포괄적으로 다루는 분석이다. 최적화를 위한 분석 기법에는 응용통계(applied statistics), 인공지능(artificial intelligence), 경영과학(management science)의 문제 해결(problem solving) 기법 등이 있다.

앞에서 언급했듯이, 빅데이터는 양, 다양성, 속도 및 복잡성 등 여러 가지 특성을 갖는데, 이 특성들의 조합에 따라 여러 가지 데이터가 발생하게 된다. 특징이 각기 다른 데이터는 적용해야 하는 분석 기법의 종류도 다를 수밖에 없으므로, 수많은 분석 방법이 필요하다. 다음에서는 네트워크 중심성에 대해 중점적으로 소개하고자 한다.

다. 네트워크 중심성

(1) 네트워크 중심성 지표

네트워크에는 영향력이 큰 개체들도 있고 영향력이 미미한 개체들도 있다. 그렇다면, 네트워크에서 개체의 중요도는 어떻게 파악할 수 있을까? 이에 대해 분석하는 이론이 네트워크 중심성 이론이며, 네트워크상의 점, 즉 노드(node)가 갖는 영향력을 나타내는 지표를 네트워크 중심성 지표라고 한다. 즉, 어떤 노드가 네트워크에서 얼마나 중요한 위치를 차지하고 있는가를 나타내는 지표이다. 네트워크 중심성을 계산하려면, 네트워크 내의 노드를 연결하는 연결, 즉 에지(edge)를 살펴보아야 한다.

네트워크 중심성 지표의 종류로는 연결 중심성, 매개 중심성, 인접 중심성 등이 있고, 구글의 페이지랭크 알고리즘 역시 중심성 지표를 구하는 방법 중 하나이다. 동일한 네트워크라고 하더라도 각 노드는 어떤 관점의 중심성 지표를 기준으로 판단하느냐에 따라

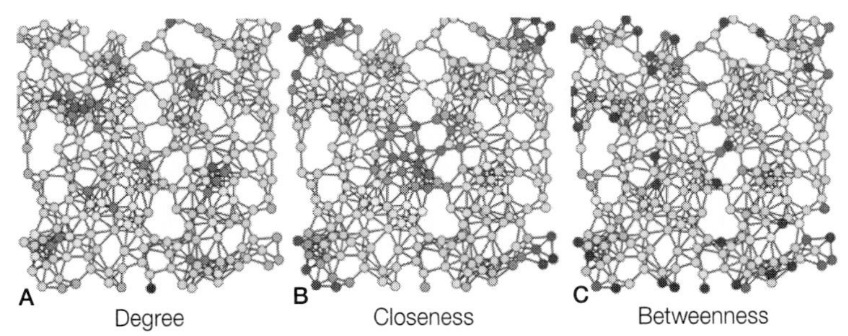

[그림 1-11] 여러 가지 네트워크 중심성 지표

출처: https://en.wikipedia.org/wiki/Centrality

그 중요도가 달라진다. [그림 1-11]에서는 어떤 네트워크 중심성 지표를 계산하느냐에 따라 중요한 노드가 바뀌는 것을 보여 주고 있으며, [그림 1-12]에서는 서로 다른 중심성 지표를 적용할 때 발생하는 관점의 차이를 설명하고 있다.

Degree Centrality (DC)

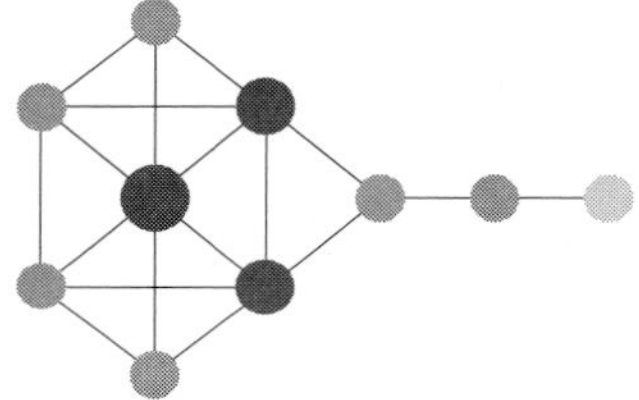

Three nodes display high Degree Centrality hubness. The node in the center being the most important node.

Betweenness Centrality (BC)

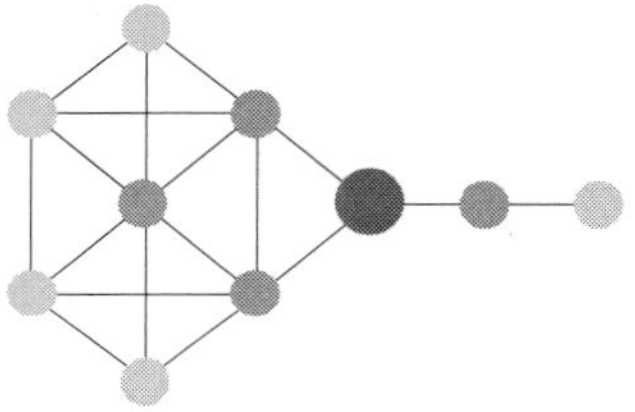

Only one node owns high Betweenness Centrality hubness, as it connects otherwise separate networks.

[그림 1-12] 중심성 지표에 따른 관점의 차이

출처: https://usableink.com/2017/05/03/analyzing-networks-in-r-centrality-and-graphing/

① **연결 중심성**(Degree Centrality: DC)

노드가 가진 연결의 수를 계산하여 값이 클수록 중요하다고 판단하는 지표이다. 노드의 중요도를 나타내는 가장 간단한 척도로, '노드가 가진 연결의 수'로 정의할 수 있다. 다르게 해석하면, 네트워크에서 노드가 사라지게 되었을 때 잃어버리게 되는 연결의 양을 나타낸다고 할 수 있다. 소셜 네트워크 서비스(Social Network Service: SNS)에서 친구의 수를 보는 행동도 연결 중심성을 확인하는 것이다.

한편, 변형 지표로 가중(weighted) 연결 중심성이 있다. 이 지표는 에지의 가중치가 있는 네트워크에서 사용되는데, 에지의 개수와 함께 에지의 중요도를 본다. 다시 말해, 연결이 많은 노드는 중요하다고 판단하는 기본 개념을 가져가되, 가중치를 통해 중요한 에지와 중요하지 않은 에지를 구분하는 것이다.

② **인접 중심성**(Closeness Centrality: CC)

네트워크상의 어떤 노드에서 다른 모든 노드에 이르는 거리의 총합이 가장 작다면, 해당 노드를 중요하다고 판단할 수 있을 것이다. 인접 중심성은 어떤 노드에서 다른 모든 노드로 순차적으로 정보나 재화를 전달시킬 때 얼마나 오랜 시간이 걸리는지를 나타내는 지표이다. 즉, 네트워크의 다른 노드들과 얼마나 가까이 있는가를 나타낸다. 그래프에서 두 노드 간의 '거리(distance)'는 두 노드 간의 여러 경로 중 최단 경로의 길이로 정의한다. 어떤 노드가 네트워크의 다른 노드들과의 거리가 짧다면, 접근성과 전달성이 좋다는 의미이므로 인접 중심성 역시 노드의 중요성을 판단하는 척도가 된다.

③ **매개 중심성**(Betweenness Centrality: BC)

네트워크에서 노드의 군집(cluster)들을 연결해 주는 역할을 하는 노드를 찾을 때 사용하는 지표이다. 매개 중심성은 네트워크에서 어떤 노드가 다른 노드들을 얼마나 잘 연결시켜 주는 위치에 있는가를 나타낸다. 즉, 어떤 노드에 대하여 그 노드를 통해 연결되는 노드들의 수를 반영한다. 따라서 큰 군집들을 연결해 주는 노드라면 매개 중심성 값이 크다.

(2) 사회망(social network)

네트워크 중심성 분석이 많이 이루어지는 대상은 사회망으로, 사람들이 연결되어 있는 네트워크에 관심을 가지는 분야가 소셜 네트워크 분석(social network analysis)이다. 최근에는 다양한 소셜 네트워크 서비스가 활성화되어 많은 사람이 다른 사람과 연락을 주고받고 자신의 소식을 전하는 것이 일반적인 일이 되었다. 대부분의 사람이 SNS를 통한 의사소통 자체를 즐기지만, 어떤 사람들은 자신과 연결된 사람의 수를 중요하게 생각하고, 이를 늘리기 위해 SNS에 몰두하기도 한다. 이는 함께 이야기를 공유하는 사람의 수를 사회적 영향력의 기준으로 보기 때문이다. SNS에서 하나의 글 또는 메시지는 '친구'들에게 동시다발적으로 전달되기 때문에, 유명인일수록 의견의 파급력이 커지게 되는 것이다.

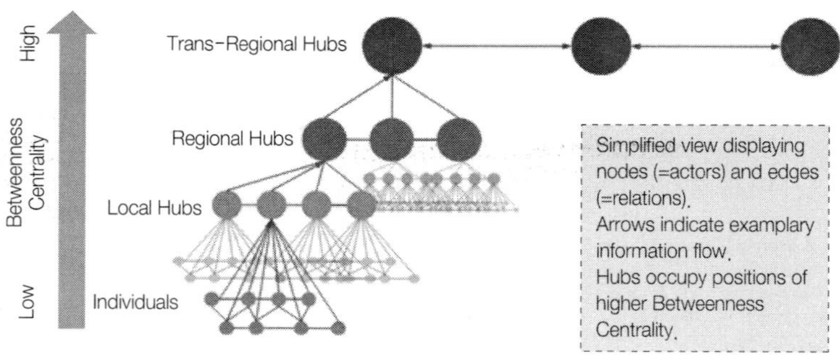

[그림 1-13] 산업화 시대의 사회망 구조도

출처: https://www.carolehofmann.net

산업화 시대의 사회망을 살펴보면, 현재에 비해 통신 및 정보 공유 비용이 매우 높았다. 이는 시공간적인 조율과 협업에 제한을 가하는 요인이 되었다. 사회구조의 계층적 구조가 가장 최적의 대안이었으며, 매개 중심지(betweenness hub)가 정보 흐름을 강력하게 통제할 수 있었다.

(3) 페이지랭크(PageRank) 알고리즘

구글의 검색 기술로 유명한 페이지랭크 역시 네트워크 중심성 지표이다. 단순히 해당 웹 페이지로 들어오는 링크의 수를 카운트하는 전통적인 방식은 웹 페이지의 중요도를 파악하는 데 한계가 있었다. 또한 어떤 웹 페이지의 중심성을 계산할 때, 중요도가 높은 페이지의 링크와 그렇지 않은 페이지의 링크가 동등하게 취급받아야 하는지가 의문시되었다. 즉, 어떤 페이지로부터 링크가 들어왔는가를 고려하여 서로 다른 기여도를 반영할 필요성이 있었던 것이다.

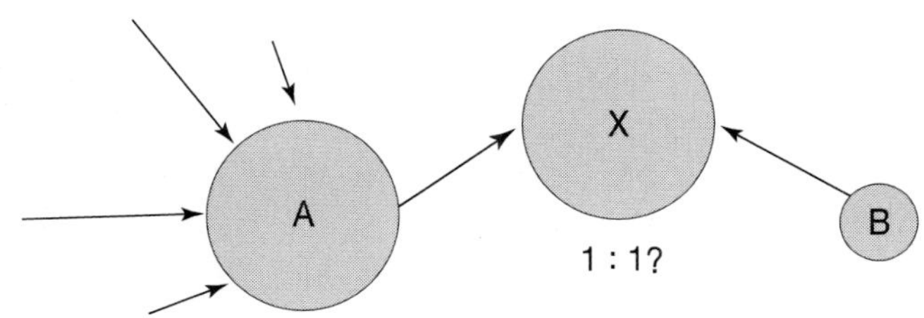

[그림 1-14] 페이지랭크 알고리즘의 아이디어

① 알고리즘 개요

페이지랭크 알고리즘의 수식은 다음과 같다.

$$Pr(p_i) = \frac{(1-d)}{N} + d\sum_{p_j \in M(p_i)} \frac{Pr(p_j)}{L(p_j)}$$

$Pr(p_i)$는 페이지 p_i의 페이지랭크 값이다. N은 전체 페이지의 수이며, d는 이탈 확률(damping factor)이다. $M(p_i)$는 페이지 p_i로 연결하는 페이지들의 집합이다. $L(p_j)$는 페이지 p_j가 가지고 있는 외부로 향하는 아웃바운드(outbound) 링크의 총 개수를 나타낸다.

이해를 돕기 위해 이탈 확률을 100%라고 가정하면, d의 값은 1이 되어 수식은 다음과 같이 변한다.

$$Pr(p_i) = \sum_{p_j \in M(p_i)} \frac{Pr(p_j)}{L(p_j)}$$

이 상황에서 [그림 1-15]를 보면, 웹 페이지 A의 페이지랭크 값은 웹 페이지 A로의 링크를 가진 여러 웹 페이지의 페이지랭크 값과 각 웹 페이지가 가진 전체 링크 수로부터 계산된다는 것을 알 수 있다.

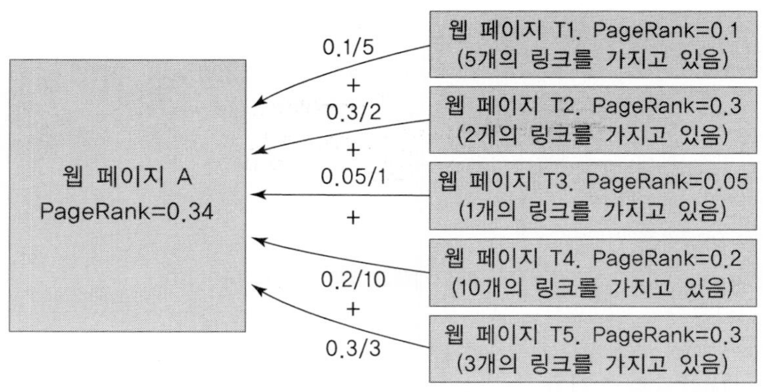

[그림 1-15] 페이지랭크 예시(d=1인 경우)

② **맵리듀스(MapReduce) 기반 페이지랭크 알고리즘**

페이지랭크 알고리즘은 분산처리 알고리즘인 맵리듀스와 연계되어 동작할 수 있다. 맵리듀스는 데이터를 키(key)와 밸류(value)의 쌍으로 구분지어 계산함으로써 여러 대의 컴퓨팅 자원을 이용할 수 있게 하는 방법론이다. 맵리듀스 알고리즘을 적용한 예시 중 가장 간단한 것이 바로 워드카운트 예시이다. 워드카운트는 입력된 문자열 데이터에서 각 단어의 숫자를 세는 것을 목표로 하는데, 맵리듀스 방식으로 처리하게 되면 [그림 1-16]의 과정처럼 스플리팅(splitting), 매핑(mapping), 셔플링(shuffling), 리듀싱(reducing)을 거친다.

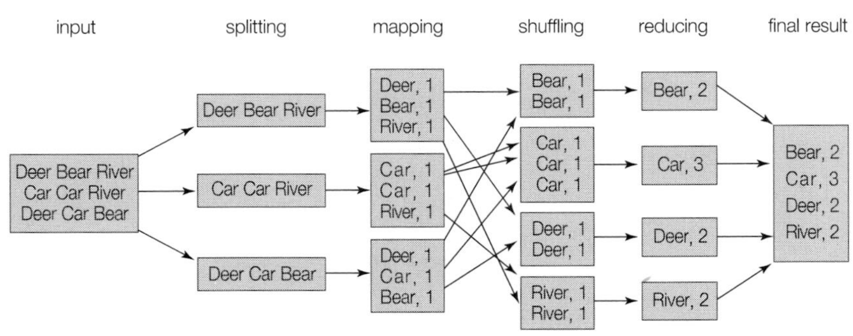

[그림 1-16] 맵리듀스 워드카운트 프로세스

출처: https://blog.trifork.com/2009/08/04/introduction-to-hadoop/

맵리듀스는 그 자체가 해답을 내는 방법론이라기보다는, 빅데이터를 처리하기 위해 많은 컴퓨팅 자원이 필요할 경우 분산처리를 수행할 수 있는 방식 중 하나라고 볼 수 있다. 따라서 기존의 알고리즘들이 맵리듀스방식으로 재설계될 수 있고, 페이지랭크 역시 맵리듀스 기반의 방법론으로 계산하기도 한다.

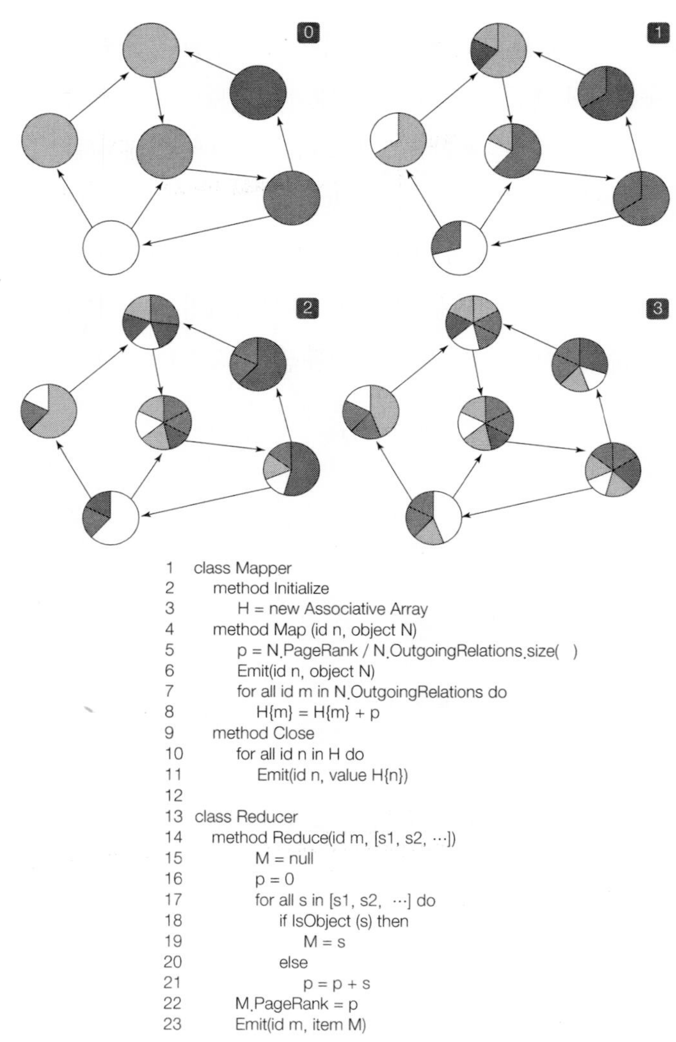

[그림 1-17] 맵리듀스를 기반으로 하는 페이지랭크 처리 예시

출처: https://highlyscalable.wordpress.com/2012/02/01/mapreduce-patterns/

③ 네트워크 중심성 분석 예시

네트워크 중심성 분석을 통해 네트워크를 유지 · 보수하거나 효율을 최대화하기 위한 의사결정을 도울 수 있다. [그림 1-18]은 국내 철도 수송량 네트워크를 나타낸 것으로, 에지의 굵기가 수송량을 나타낸다. 이 네트워크에 이탈 확률을 1로 설정한 페이지랭크 알고리즘을 적용한 결과, 오봉역, 부산진역, 부산신항역이 가장 중심이 되는 화물역임을 파악할 수 있었다. 만약 철도 네트워크를 효율화하고자 한다면, 페이지랭크 값으로 정렬하여 최하위권에 있는 화물역들을 폐지하는 의사결정도 내릴 수 있을 것이다.

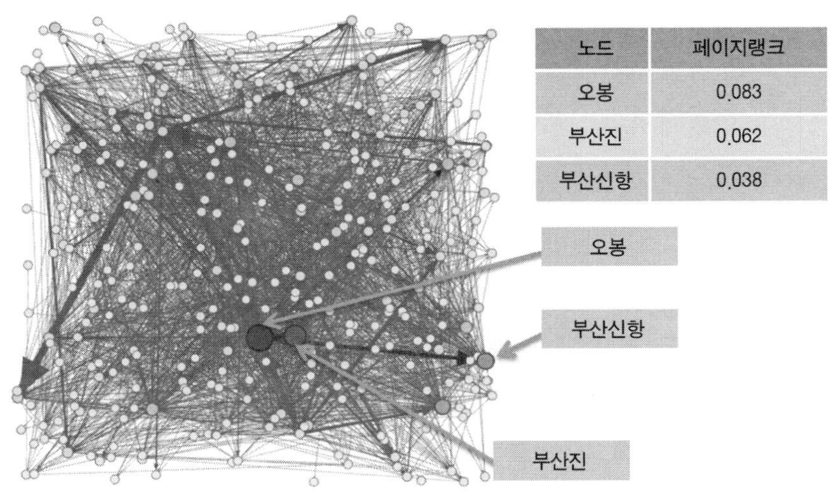

노드	페이지랭크
오봉	0.083
부산진	0.062
부산신항	0.038

[그림 1-18] 페이지랭크 분석 예시(철도 수송량 네트워크)

5. 교육 빅데이터의 가치

가. 교육 데이터 공개의 투자 효익

(1) 데이터 개방에 따른 효익

데이터 개방으로 인한 효익의 일부분만으로도 국가 정보 개방을 위한 비용을 충당할 수 있다는 것이 확인되었다. 2005~2006년 호주 통계청의 CC 라이선스(Creative Commons License) 채택 및 정보 개방에 소요된 연간 순비용은 약 350만 달러에 달했지만 사용자의 직접적인 연간 비용 절감 효과는 약 500만 달러에 달했다. 간접적인 효과 차원에서 연간 전체 비용은 460만 달러인 반면, 정보 개방의 부가 가치는 연간 약 2,500만 달러에 달하며, 이는 비용 대비 약 5배 이상의 효과를 거둔 것이다.

(2) 교육 데이터의 시장 가치

데이터의 개방 및 공개는 다양한 사회경제적 효과를 불러올 수 있다. [그림 1-19]는 공공 데이터 개방에 의해 발생하는 효익을 분야별로 경제적 가치로 환산하여 나타낸 그래프이다.

Open data can help unlock $3.2 trillion to $5.4 trillion in economic value per year across seven "domains"

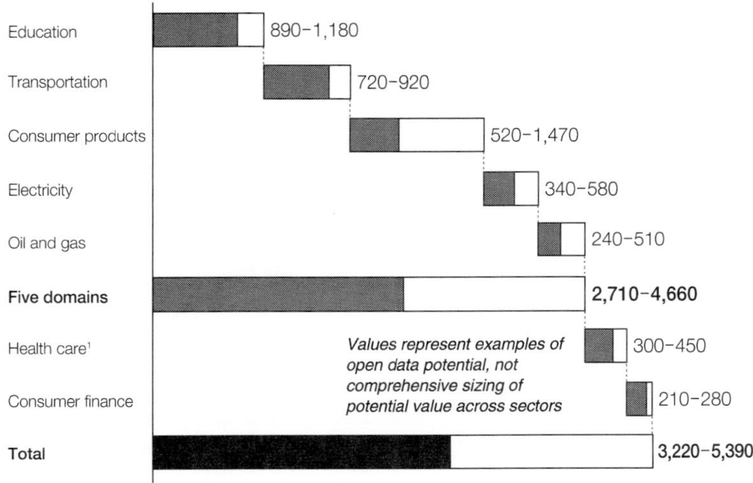

1 Includes US values only.

NOTE: Numbers may not sum due to rounding.

[그림 1-19] 교육 데이터 개방의 효용

출처: https://www.mckinsey.com/~/media/McKinsey/Business%20Functions/McKinsey%20Digital/Our%20Insights/Open%20data%20Unlocking%20innovation%20and%20performance%20with%20liquid%20information/MGI_Open_data_Executive_summary_Oct_2013.ashx

다섯 가지 주요 분야 중 교육 데이터 공개로 인한 효익은 연간 8,900억에서 1조1,800억 달러 정도로 환산할 수 있으며, 이는 전체 공공데이터 공개로 인한 효익 중에서 상당히 큰 비중을 차지한다.

[그림 1-20]은 교육 데이터를 공개함으로써 나타나는 효익이 구체적으로 어떤 부분에 의해 발생하는지를 나타내는 것이다.

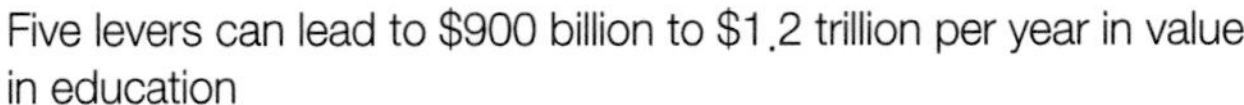

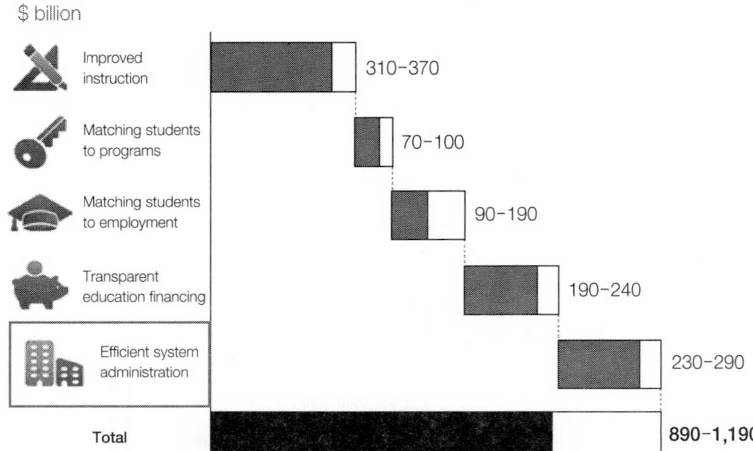

[그림 1-20] 교육 데이터 공개 효익의 다섯 가지 측면

출처: https://www.mckinsey.com/~/media/McKinsey/Business%20Functions/McKinsey%20Digital/Our%20Insights/Open%20data%20Unlocking%20innovation%20and%20performance%20with%20liquid%20information/MGI_Open_data_Executive_summary_Oct_2013.ashx

먼저, 교육 데이터의 공개를 통해 효율적인 시스템 관리가 가능해져 교육의 질을 향상시킬 수 있다. 또한 교육의 문제점과 비효율성을 발견하기 쉬워지고, 다양한 교육 주체가 함께 참여하여 교육을 개선할 수 있는 기회가 증가한다.

한편, 학생들이 자신에게 맞는 교육 프로그램을 수강하게 됨으로써 얻는 경제적 효과가 있다. 이것은 데이터가 공개됨에 따라 교육 대상에 적절한 교육을 배정하도록 의사결정이 이루어질 수 있기 때문이다. 예를 들어, 특정 지역의 학생들의 수학 성적 분포를 분석해 보았을 때 전국 평균보다 낮다는 정보가 발견되었다면, 이를 고려하여 적절한 수업 난이도를 조절할 수 있게 되는 것이다.

이외에도 학생 정보와 취업 정보 등을 연계하여 학생들이 적절한 일자리를 구하는 것을 도와줄 수 있으며, 교육기금을 더 투명하게 사용할 수 있는 환경을 조성하여 재정적 비효율성을 줄일 수 있고, 데이터 공개를 위해 인프라 정비를 하면서 부가적으로 시스템 운영 효율성을 향상시킬 수 있다.

나. 미래 교육 데이터 관리 및 서비스 방안

공공 정보의 효율적 활용과 접근성 향상을 위해 경제협력개발기구(OECD)에서는 아홉 가지 항목에 대한 권고 지침을 내놓았다.

- **개방성**(openness): 교육 데이터에 대한 이용성과 접근성을 촉진하는 것을 개방의 기본 원칙으로 삼는다.
- **재활용을 위한 접근성**(accessibility for re-use): 공공 정보 재활용에서 차별이 발생하지 않도록 폭넓은 활용을 촉진하여야 한다.
- **정보 목록**(asset lists): 재활용과 접근이 가능한 공공 정보 목록(lists and inventories)을 명확히 해 두어야 한다.
- **품질**(quality): 다양한 정부기관에서 산출된 공공 정보의 신뢰성과 품질 향상을 위해 노력해야 한다.
- **무결성**(integrity): 공공 정보가 권한 없이 변경되지 않도록 정

보의 효용성과 무결성을 극대화하여야 한다.

- **신기술**(new technology): 공공 정보에 대한 접근성과 호환성 제고를 위해 신기술을 이용한 아카이브(archive)를 사용하고, 정보 검색 기술을 향상시키는 등 신기술을 활용하여야 한다.
- **경쟁**(competition): 공공 정보의 제공과 활용에 있어 정부 독점이 아닌 공정한 경쟁이 필요하다.
- **민관 협력**(public private partnerships): 공공 정보 재활용을 위해 민관이 함께 협력할 필요가 있다.
- **모범 사례**(best practice): 공공 정보 재활용 촉진을 위해 다양한 모범 사례의 공유를 장려하여야 한다.

6. 결론

빅데이터의 시대가 도래하면서 다양한 도전이 생겨나고 있다. 관계형 데이터베이스로 처리했던 정형화된 데이터, 즉 기존의 테이블 형식 데이터 외에도 온갖 다양한 구조의 데이터가 존재한다. 네트워크, 텍스트 등 반정형 데이터들이 쏟아져 나올 뿐만 아니라 이러한 데이터에 대한 분석 수요 역시 지속적으로 증가하고 있다.

또한 통계적 가설 검정보다는 넘쳐 나는 데이터에 숨어 있는 패턴을 얻어 내는 기법들이 유행하고 있다. 시간적 개념이 있는 데이터에서 시퀀스 패턴(sequence pattern)을, 큰 그래프에 포함된 여러 개의 서브그래프(subgraph)를 탐색하는 식이다.

그리고 기존 상태나 현상을 설명하기보다는 데이터에서 얻어 낸

정보를 기반으로 미래에 대한 예측을 할 수 있는지가 주목을 받고 있다. 각종 딥러닝 기술이나 분류 트리 등의 기술이 각광을 받고 있는 것이다.

이러한 빅데이터의 다양한 도전 및 새로운 기술과 마주할 때, 복잡성 이슈에 대해 생각해 볼 필요가 있다. 더욱 가치 있는 정보를 얻기 위해서는 데이터들이 반드시 연결되어 있어야 한다. 이러한 데이터들 간의 상호관계를 파악하기 위해 탐색적 데이터 분석(exploratory data analytics)이 요구된다.

탐색적 데이터 분석을 할 때 이슈가 되는 것은, 정해진 스키마가 존재하지 않는다는 것이다. 스키마 온 리드(schema on read), 즉 데이터를 읽을 때 그 형식을 결정해야 한다는 것이다. 또 다른 이슈는 데이터 간의 상호 연결(interlinking)로, 링크드 데이터(linked data)로 대표되는 데이터 간의 연결성을 어떻게 다룰 것인지가 주요한 문제이다.

[참고문헌]

김우주(2016). 네트워크 중심성 이론. 경기: 카오스북.

조성문(2012). '쉽게 설명한' 구글의 페이지랭크 알고리즘. https://sungmooncho.com/2012/08/26/pagerank/에서 검색.

IDC(International Data Corporation). (2010). *The Digital Universe Decade-Are You Ready?* Retrived from https://www.emc.com/collateral/analyst-reports/idc-digital-universe-are-you-ready.pdf

IDC(International Data Corporation). (2014). *The Digital Universe of*

Opportunities: Rich Data and the Increasing Value of the Internet of Things. Retrieved from https://www.emc.com/collateral/analyst-reports/idc-digital-universe-2014.pdf

Katsov, I. (2012). MapReduce Patterns, Algorithms, and use cases. Retrieved from http://highlyscalable.wordpress.com/2012/02/01/mapreduce-patterns/

Manyika, J., Chui, M., Farrell, D., Van Kuiken, S., Groves, P., & Doshi, E. A. (2013). Open data: Unlocking innovation and performance with liquid information. McKinsey Global Institute. Retrieved from http://www.mckinsey.com/business-functions/digital-mckinsey/our-insights/open-data-unlocking-innovation-and-performance-with-liquid-information

Satell, G. (2013). Why Big Data Matters. Retrived from https://www.forbes.com/sites/gregsatell/2013/10/11/why-big-data-matters/#16d8a88b1304

Zhang, X. (2013). A Simple Example to Demonstrate how does the MapReduce work. Retrieved from http://xiaochongzhang.me/blog/?p=338

[웹사이트]

https://blog.trifork.com/2009/08/04/introduction-to-hadoop/

https://en.wikipedia.org/wiki/Centrality

https://highlyscalable.wordpress.com/2012/02/01/mapreduce-patterns/

https://usableink.com/2017/05/03/analyzing-networks-in-rcentrality-and-graphing/

https://www.building-blocks.nl/blog/different-types-of-data-sources

https://www.carolehofmann.net

https://www.ethz.ch/content/dam/ethz/special-interest/gess/cis/international-relations-dam/Teaching/pwgrundlagenopenaccess/Weitere/VOTAMATIC.pdf

https://www.mckinsey.com/~/media/McKinsey/Business%20Functions/McKinsey%20Digital/Our%20Insights/Open%20data%20Unlocking%20innovation%20and%20performance%20with%20liquid%20information/MGI_Open_data_Executive_summary_Oct_2013.ashx

https://www.mindjet.com/blog/2011/12/drowning-from-informationoverload/

https://www.slideshare.net/mickyates/leadership-in-the-big-data-era

II 금융 분야 빅데이터 분석법과 국내외 활용 사례

장석호(데이터애널리틱스랩 대표)

1. 카드 거래 데이터의 활용

본 연구[1]의 목적은 빅데이터 분석 방법이 활용되는 사례를 연구하기 위함이다. 특히 금융 분야 중에서 활용도가 높은 카드 소비 데이터를 중심으로 살펴보고자 한다. 카드 소비 데이터는 제조, 건설, 유통, 의류, 식품, 교통, 부동산, 외식, 호텔 등 많은 산업 분야에서 유용하게 사용될 수 있다.

본 연구에서는 카드 소비 데이터에 대한 이해도를 높이고자 이에 대한 전반적인 설명과 함께 보편적인 활용 사례를 정리하는 것을 시작으로 이종의 데이터와 융합하여 새로운 분석내용과 함께 활용도를 극대화하는 국내외 사례를 들어 설명하고자 한다.

1) 본 논문의 표 · 그림은 특별한 출처가 없으면 장석호(2017)를 포괄 인용한 것임.

빅데이터 분석의 궁극적 목적은 폭넓은 활용도와 깊이 있는 분석내용일 것이다. 빅데이터는 한 회사의 내부에서 경영 관리, 의사결정과 프로세스 개선을 위해서도 유용하게 사용될 수 있지만, 다른 회사 및 분야에서 상호 간 데이터가 제공되고 융합될 때 그 활용도는 극대화될 것이다.

가. 소비 데이터

AI로 대표되는 4차 산업의 출발은 데이터이며, 이것은 4차 산업의 21세기 원유이기도 하다. 그중에서도 카드 소비 데이터는 실물경제의 상당 부분을 설명할 수 있기 때문에 고객의 성향 분석에 기반을 둔 맞춤 서비스가 기반인 4차 산업에서 그 중요성은 중언할 필요가 없다.

이 큰 흐름에서 카드사는 다양한 분야에서의 많은 신사업이 활성화될 수 있도록 하는 촉매제 역할을 할 수 있다. 카드사는 방대한 소비 데이터의 분석을 통해 얻는 소비 패턴과 고객 프로파일링 정보를 각 산업에 적극적으로 제공함으로써 4차 산업 발전에 기여해야 한다. 특히 신선한 아이디어와 유망한 기술을 겸비한 스타트업을 많이 발굴하고 지원하는 것에 집중하여야 한다. 물론 카드 사업 지원을 질적으로 고도화하는 데에도 AI는 중요한 역할을 할 것으로 기대된다.

전통적인 정적 통계 분석을 넘어서 상황별 개인 맞춤 분석 서비스는 동적인 디지털 마케팅을 가능하게 할 것이다. 또한 갈수록 플랫폼(platform)화되고 자동화되는 분석 시스템은 다수의 고객과 다량의 분석 컨설팅 서비스를 가능하게 한다.

금융회사는 이러한 각 분야를 기술별로 검토하여 적용 가능성을 타진하고, 병렬적 · 순차적으로 실행하고 있다.

나. 소비 데이터의 기본 자료

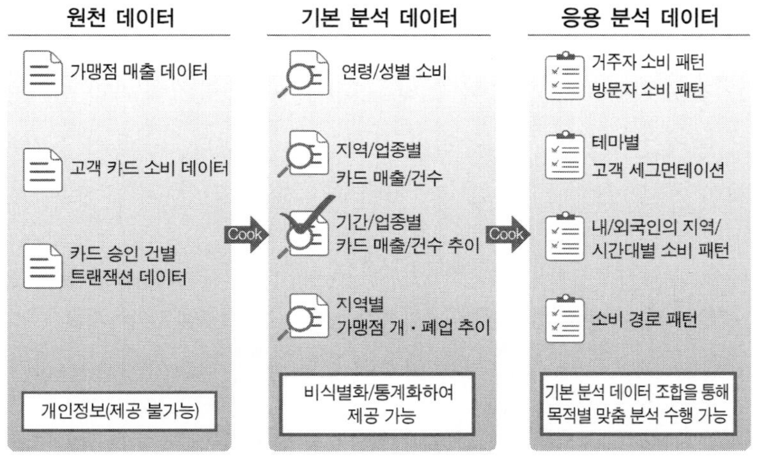

[그림 2-1] 기본적인 카드 소비 데이터

카드 거래 데이터는 기본 거래가 발생하는 카드가맹점에서 소비자가 구매를 할 때 발생한다. 영수증에 표시되는 정보가 주요한 데이터이며, 가맹점번호, 가맹점주소, 금액, 거래일시, 승인번호, 카드번호 등의 구성 요소로 이루어져 있다.

일견, 큰 영향력 있는 분석이 나오지 않을 것 같은 이 기본 데이터는 고객 원장과 가맹점 원장이 결합할 때 다차원의 분석이 가능한 데이터로 변모하게 된다. 고객의 기본 속성 정보와 가맹점의 지역/업종별 매출 특징과 연결되어 다양한 통계 수치로 가공될 수 있기 때문이다. 예를 들어, 주말과 같은 특정 시간에 서초구에서 외식을 주로 이용하는 고객의 인구통계학적 특징을 볼 수 있으며, 지난 2년간 시계열 매출을 지역/업종별로 탐색하여 특정 가맹점의 매출 성장성과 폐업 가능성을 진단할 수도 있다.

더 나아가 가맹점별 연관성 분석과 소비경로를 추적할 수 있으며, 특별한 사회적 이슈 등에 관한 주제를 선정하여 분석을 확장하는 것도 가능하다. 이렇게 소비 데이터는 가공하기에 따라 단계별로 여러 용도로 활용 가능하다는 것을 알 수 있다. 이제 가장 기본적인 카드 거래 데이터의 세부적인 내용을 살펴보도록 하겠다.

고객 관점 데이터 차원

고객번호	결제일	결제시간
결제 금액	청구지 주소	우편번호
승인/취소	고객 연령	고객 성별
가입일	고객 구분	선불카드 결제 금액
일시불결제 금액	할부결제 금액	체크카드 결제 금액
…	…	…

가맹점 관점 데이터 차원

가맹점번호	결제일	결제시간
결제 금액	가맹점 주소	우편번호
정상승인 여부	가맹점주 연령	가맹점주 성별
가입일	업종 구분	선불카드 결제 금액
일시불결제 금액	할부결제 금액	체크카드 결제 금액
…	…	…

[그림 2-2] 고객 및 가맹점 원장 정보

한 소비자가 카드 가맹점에서 결제하였을 때, 그 고객의 기본 정보인 연령, 성별, 청구지 주소 등의 정보에 거래의 속성인 카드 구분, 결제 금액, 할부, 결제일/시간 등의 정보를 회원 측면에서 정리할 수 있다. 이로부터 다양한 고객 분석이 가능해진다. 카드 가맹점은 카드사에 등록할 때 필요한 업종과 업장의 주소, 가맹점주에 관한 기본 정보와 거래 수단, 카드 종류, 거래일시 등의 거래 정보가 시간이 흐르면서 누적되므로 가맹점 매출 현황에 대한 분석이 가능하다. 앞서 언급하였듯이, 이 두 정보는 서로 연결되어 융합될 때 다른 차원의 정보를 제공하기도 한다. 예를 들어, 특정 지역 · 업종의 고객군의 특징을 파악하여 마케팅 대상자를 추출할 수 있다. 고객을 더 잘 알기 위해서 많은 마케팅 비용을 지불하는 민간 회사에게 소비 데이터는 매우 유용한 정보가 될 수 있다.

카드사가 보유하고 있는 고객에 관한 정보는 앞서 언급한 기본적인 인구통계학적 정보 외에 완전히 다른 차원의 정보를 추가적으로 가공하여 관리하고 있는데, 예를 들어 고객의 소비 규모, 업종별 소비 패턴 등을 장기간에 걸쳐 관측한 자료로부터 분석하여 기타 서비스 제공에 활용하고 있으며, 소득분위, 생애주기, 소비성향, 구매주기 등까지도 추론하는 것이 가능하다. 경제 활동 인구가 제한된 한 국가에서 다년간 수집 · 가공된 카드사의 다차원 소비 분석은 상당한 정확도를 가지고 고객의 행동을 예측할 수 있다. 최근에는 내국인뿐만 아니라 중국인을 포함한 외국인의 소비 데이터를 분석하여 관광정책을 제언하고 효과를 계량화하는 데에도 중요한 역할을 하고 있다.

소비 데이터 생성 과정 및 구분

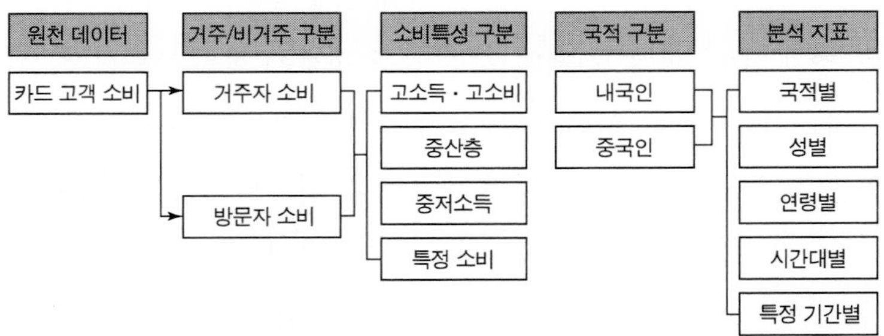

소비 데이터 분석 차원

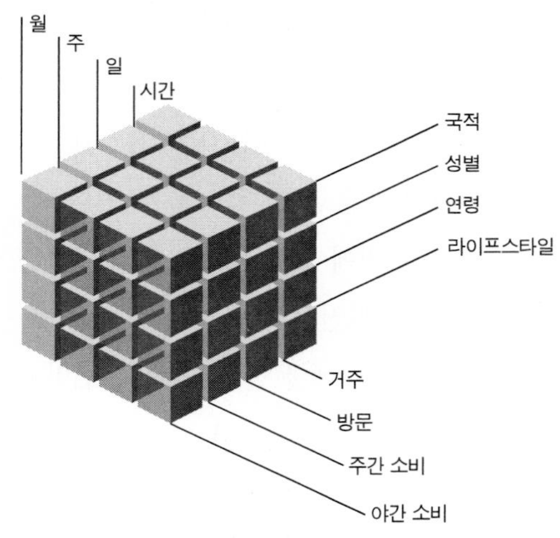

[그림 2-3] 소비 데이터 통계 분석 차원

다. 소비 데이터의 활용 사례

카드 소비 데이터는 정책을 입안하고 실행하는 정부 및 지방자치단체, 현상을 정량화하고 효과를 검증하는 연구소, 그리고 민간

회사의 마케팅과 상품 전략을 세우는 데까지 다방면으로 활용할 수 있다.

어떤 상품(혹은 서비스)을 만드는 회사가 소비 데이터를 활용하는 경우를 보면 과거 판매실적과 관련 산업 트렌드로부터 신규 상품을 기획하는 것을 대표로 들 수 있다. 물론 이 과정에서는 카드 데이터뿐만 아니라 외부의 비정형화된 소셜 데이터(social data) 등도 참조하고, 고객 행동까지 분석하는 노력이 필요할 수 있다. 상품 출시와 마케팅을 위한 가장 적당한 매출 극대화 시점을 예측할 수 있고, 경쟁력 있는 가격을 유사 산업군까지 범위를 넓혀서 검토하여 책정할 수도 있다. 상품/서비스 설계의 기반이 되는 맞춤 마케팅을 고객의 분포 지역 및 반응 시기를 고려하여 카드사와 협업한다면 가장 이상적인 체계를 갖춘 것으로 볼 수 있다.

분야	내용
수요 예측	과거 소비 패턴에 기반하여 예상되는 소비 수요를 예측하고 정책에 반영
상품 설계	고객 프로파일 및 유입/유출/방문지 유형에 따른 코스/상품 설계
이벤트 기획/효과 분석	지역/기간별 이벤트 분석 및 해당 시점에서의 경제 효과 파악
가격 설정	상품 가격 변화에 따른 고객의 가격 민감도를 파악하여 가격 설정에 적용
타깃팅	소비 시점 및 방문지별 주요 거주지를 파악하여 마케팅 대상 지역 및 고객층 파악
투자 보조 지표	실적 유망 종목/업종 선택 및 매매 타이밍 등을 판단하는 투자 보조 지표로 활용

[그림 2-4] 소비 데이터 활용 분야 예시

현재까지 카드사의 소비 데이터를 적극적으로 활용하는 곳으로는 정부와 지방자치단체를 꼽을 수 있다. 왜냐하면 지역의 실물 경제 현황을 분석하여 바람직한 정책의 추진 방향과 구체적인 실행 전략을 기획할 수 있기 때문이다. 특히 관광 산업에서는 카드사의 소비 데이터가 필수적인 지표 역할을 하고 있다. 특정 지역에 대한 사드 영향과 같은 정치적 이슈에서부터 전통시장과 골목상권의 활성화에 이르기까지 그 활용도는 넓은 폭을 가지고 있고, 향후에는 지속적으로 그 분석의 깊이 또한 더해 갈 것이다.

라. 소비 데이터 신사업

소비 데이터에 기반한 분석 서비스는 소위 컨설팅의 형식으로 전달된다. 최근에는 신용카드 데이터를 좀 더 대량화하여 수요처에 빠르게 공급하기 위하여 오픈 데이터 플랫폼을 구축하여 제공하고 있다. 플랫폼은 스마트폰의 수많은 앱 서비스를 지원하기 위해서 필수적인 설비이다. 신선하고 다양한 사업 아이디어를 가지고 창업하는 스타트업 회사는 합리적인 데이터 사용료를 정산하기만 하면 얼마든지 이 소비 데이터를 자원으로 활용하여 창업할 수 있다. 데이터 제공 인터페이스는 API(Application Programming Interface) 표준 규약을 준용함으로써 금융회사의 복잡한 전문협의를 피하고, 수시로 서비스를 독립적으로 개선하는 유연성도 확보할 수 있다.

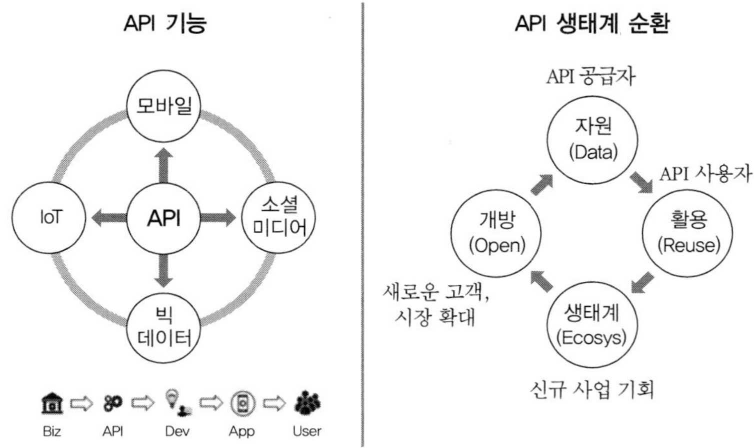

[그림 2-5] 데이터 API 생태계

카드사 입장에서는 소비 데이터를 활용하여 직접 다양한 신사업을 하는 것보다 각 분야의 전문적인 지식을 가지고 집중하는 것이 위험부담을 줄이면서도 효과적으로 데이터 신사업을 하는 방법이라고 판단하고 있다.

또 다른 형태의 데이터 신사업으로는 정기적인 리포트 제공 사업이 있다. 카드사가 관리하는 전국 상권 정보를 활용하여 프랜차이즈 출점 적지를 분석하는 보고서를 제공하는 것이다.

프랜차이즈 회사마다 원하는 것은 매우 다양한데, 이 모든 것을 맞춘 리포트를 제작하여 규모의 사업화를 추진하는 것은 쉬운 일이 아니다. 유용한 정보이지만 과도한 금액을 지불하고 상권 분석 보고서를 구매할 민간회사는 아직 많지 않을 것이다.

섹터별 소비지수 API

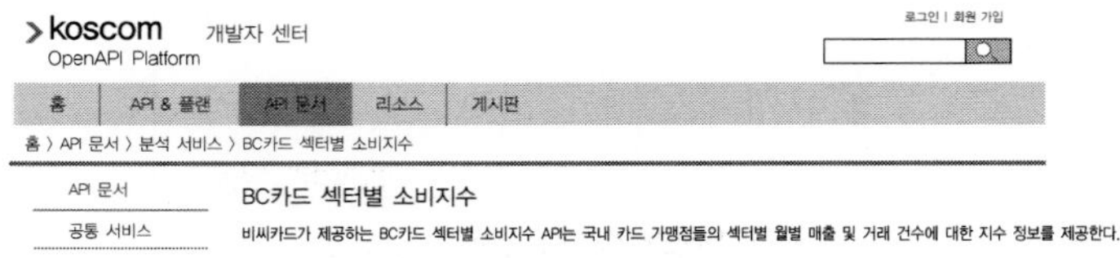

개요

국내 카드 가맹점들의 섹터별/월별 매출 및 거래 건수에 대한 지수 정보를 제공한다.

주요 특징

- 월별로 최근 3년간 섹터별로 매출 및 거래 건수 지수를 조회할 수 있다.
- 매출 및 거래 건수는 2014년 1월의 수치를 초기값 100으로 하여 지수화하였다.
- 조회 가능한 섹터의 종류는 비씨카드의 분류에 따른 총 264개 섹터이다.
(섹터 상세 정보: BCCard Fintech API.pdf)

섹터별 정보

섹터코드	비씨섹터명
1002	1급 호텔
1003	2급 호텔
9151	CATV
4061	CATV홈쇼핑
2020	DVD/음반/테이프 판매
3311	GS가스충전소
3307	GS주유소

섹터코드	비씨섹터명
3302	LPG
3306	SK가스충전소
3305	SK주유소
4401	가방
9110	가례서비스
3101	가전 제품

[그림 2-6] 카드사 제공 API 예시

다행히도 건설, 유통, 외식 산업 등과 같은 산업별로 필요한 공통의 분석항목이 있으며, 그 항목은 각 산업 분야에 속한 관련 민간회사에 모두 제공되어 사용될 수 있다. 또한 어떤 회사의 관점에서는 동종업계에 있는 타 회사의 분석내용을 비교하여 유용한 지표로 삼을 수도 있다. 그럼에도 불구하고 지식 콘텐츠를 대규모로 생산하여 판매하는 사업은 많은 전문적인 작업을 요하므로 이를 체계화 · 자동화하는 시스템의 뒷받침 없이는 성공을 담보하기 어렵다.

분석 보고서 제공 사업의 또 다른 형태로는 트렌드 분석 보고서가 있다. 이는 소비 데이터뿐만 아니라 외부의 소셜 데이터를 분석하여 소비 생활에 관한 새로운 트렌드 흐름을 분석하고 관련 산업계에 정기적으로 제공하는 사업이다.

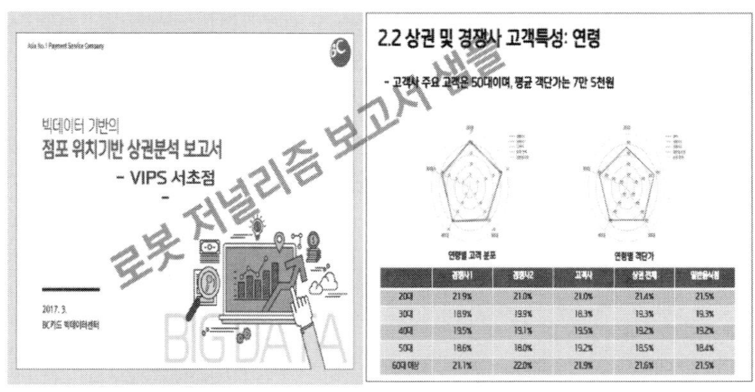

	경쟁사1	경쟁사2	고객사	상권 전체	일반음식점
20대	21.9%	21.0%	21.0%	21.4%	21.5%
30대	18.9%	19.9%	18.3%	19.3%	19.3%
40대	19.5%	19.1%	19.5%	19.2%	19.2%
50대	18.6%	18.0%	19.2%	18.5%	18.4%
60대 이상	21.1%	22.0%	21.9%	21.6%	21.5%

[그림 2-7] 로봇 저널리즘 보고서

출처: 비씨카드 홈페이지.

마. 소결

카드사의 방대한 소비 데이터는 수십 년 전부터 마케팅에 활용되어 왔다. 최근 빅데이터 분석이 전 사회 영역에서 보편화되면서 외부에서의 수용에 눈을 돌리고 있다. 이것은 단순 데이터 제공 사업을 넘어 금융 사업이 새로운 신규 사업에 진출할 수 있는 기회가 될 수 있다고 판단하여 적극적으로 참여하고 있는 상황이다.

우리는 미국이나 영국 등에서 여러 영역의 다양한 데이터가 유연한 유통 구조를 가지고 전 산업에서 활용되는 사례를 보고 있다. 우리는 신사업을 창출하고 막대한 매출을 올리는 세계적인 데이터 기업을 보면서 부러워한다. 아직 우리나라에서는 본격적인 데이터 비즈니스를 막는 장애 요소가 남아 있기는 하지만, 수년 안에 빅데이터의 활용이 보편화되어 각 분야에서 사업을 활성화하는 촉매제로 작용하기를 바란다.

2. 상품판매 정보 융합 사례

가. 연구의 필요성

카드사는 결제내역 정보 중 업종 정보만을 가지고 있어 고객의 세부 구매항목을 알 수 없다. 구매상품 정보(basket information)로 고객 분석을 한다면 다양한 측면에서 유용한 분석 정보를 제공할 수 있다.

매장의 POS(Point of Sale)에는 고객의 세부 구매항목 정보가 저장되어 있다. 그러나 멤버십카드를 운영하는 매장에서도 연령과 성별 이상의 세부적인 고객 특징 정보를 확보하는 것은 어려워 다차원적인 고객 분석이 쉽지 않다.

[그림 2-8] 신용카드 고객의 구매상품에 따른 세그먼테이션

출처: Owen, Anil, & Dunning (2012).

카드사가 확보하고 있는 고객의 속성 정보(연령, 성별, 거주지, 생애주기, 소득 수준, 선호 업종, 업종별 구매 비중, 평균 구매 건수/금액, 온도/습도 등의 구매 환경 영향도, 주 구매 지역/시간/요일 등)를 매장의 POS 판매 정보(tag information)와 융합(mesh-up)한다면 구매상품별 고객 분석과 여러 측면의 예측도 가능하다.

카드사에는 구매거래 정보에 구매상품 정보를 포함하고 있지 않다. 다만, 거래가맹점의 업종 정보만을 참조할 수 있어 모든 거래가 330여 개의 업종 거래로 분류되고 있을 뿐이다. 그러나 치열한 마케팅이 상품별로 세분화된 시장의 요구에 부응하기 위해서는 변화가 필요하다.

일반적으로 카드사는 주유, 대형할인점 등 업종 또는 특정 대형 가맹점 위주의 마케팅을 다수에게 홍보하는 대량 마케팅(mass marketing)을 하고 있다. 이러한 형식의 마케팅은 마케팅의 성과측정에도 어려움이 있지만 효율성이 문제되는 경우가 많다. 업종 또는 가맹점 위주로 진행되기 때문에 상품 단위의 마케팅 수용이 어려울 수밖에 없는 것이다.

나. 연구의 개요

상품판매 정보와 고객의 속성 정보를 융합하는 프로젝트를 수행하기 위해서는 크게 상품 정보를 체계적으로 준비하는 단계와 고객의 속성 정보를 이용하여 상품에 관련된 구매예측 모델을 학습하는 단계로 나눌 수 있다.

먼저, 시중에 유통되는 상품의 분류 기준을 마련하기 위하여 온라인 오픈마켓에서 상품 정보를 수집(crawling)하는 작업을 선행하여야 한다. 단계별 분류에 해당하는 상품 정보를 수집하게 되면 매장의 상품판매 정보를 이 상품 분류 기준에 따라 체계적으로 분류할 수 있는 상품 분류기(classifier)를 모델링할 수 있다.

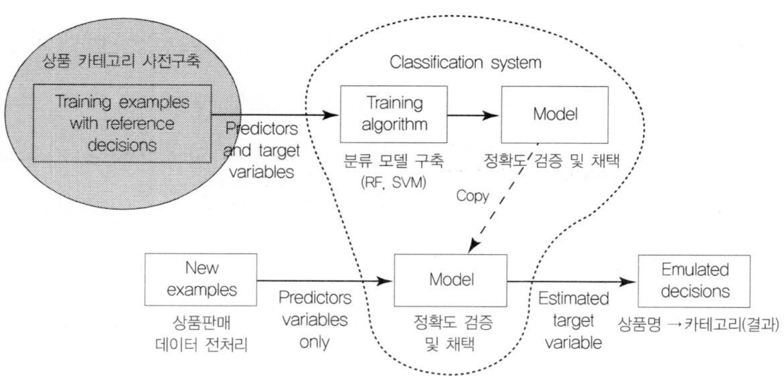

[그림 2-9] 구매예측 모델 구축 과정

출처: Owen, Anil, & Dunning (2012).

POS 상품판매 정보와 구매 고객의 속성 정보를 연동하면 고객 상품구매 상황에 대한 설명과 예측 모델을 구축하는 것이 가능하다.

상품명은 일정한 규칙이 없고, 지속적으로 새로운 것이 만들어지고 있으므로 POS 판매 정보의 모든 상품명을 일정한 분류 체계의 틀에 담는 작업이 필요하다. 그러나 이 과정은 기존의 업종별 분류 기준 작업과는 그 세밀함과 확장성에서 큰 차이를 갖는다. POS 상품구매 데이터와 카드사의 고객 속성 데이터를 융합하게 되면 같은 분류의 상품을 구매한 고객의 공통된 특징을 추출하는 것이 가능하다. 각 상품별로 구매 금액 및 건수를 종속변수로 할 때 설명력 높은 상위 몇 개의 고객 속성변수를 선택하여 프로파일링(profiling) 할 수 있다.

또한 유사한 고객의 속성(생애주기, 소득, 소비 패턴 등)을 근거로 상품을 추천하는 협업 필터링(collaboration filtering)을 정기적으로 시행하는 것이 가능하다. 카드사가 특정 가맹점 중심의 마케팅에서 벗어나 구체적인 상품을 특정하여 프로모션(promotion)하는 것은 새로운 마케팅의 차원을 여는 일이 될 것이다.

카드사는 과거의 고객 소비 패턴을 파악하는 것도 중요하지만 이제부터는 고객의 구매상품과 그 상품의 구매주기를 정확히 예측하는 AI 분석 기법을 확보하는 것이 핵심 역량이 될 것이다.

■ **표 2-1 데이터 및 분석 환경**

데이터 설명	종류	온라인 결제내역 DB, 카드 고객 속성 정보
	거래 기간	2014. 10.~2016. 9.
	열	약 1억 건
	행	125
분류 알고리즘		랜덤 포레스트, SVM, MLR
사용 소프트웨어		Python, R
분석 환경		Windows Server 2012 R2

다. 상품명 분류기 구축

(1) 상품명 분류기의 구축 목적

유통되는 상품명은 자연어 형태로 표현되는 경우도 많이 있고, '예치금 충전' '캐시' '상품대금결제' 등 특정 상품으로 규정하기 어려운 경우가 다수 존재한다. 그러므로 각 상품명 데이터를 범주화하는 모델의 구축이 필요하다.

(2) 상품명 분류기의 구축

2016년 4~9월의 온라인 결제 데이터의 결제일/시간, 가격, 상품의 정보를 모델 구축에 이용하였으며, 약 4,500만 건, 8.6GB 규모의 데이터를 사용하였다. 분류 알고리즘으로는 랜덤 포레스트(Random Forest: RF) 방법을 사용하였으며, 분석 소프트웨어는 R과 Python을 이용하였다.

[그림 2-10] 오픈마켓 상품 목록 페이지

출처: 11번가 홈페이지.

[그림 2-11] 분류체계에 따른 상품명 수집

온라인 오픈마켓의 상품명을 수집하기 위해서는 상품 목록 페이지에 자동 접속하여 상품명을 반복적으로 수집하기 위한 각 상품 카테고리 페이지(category page) 주소를 수집한 후 각 페이지에 자동으로 접속하여 상품명을 추출하고 카테고리별 저장 폴더를 생성하여 CSV(Comma Separated Value) 형식 파일로 저장한다.

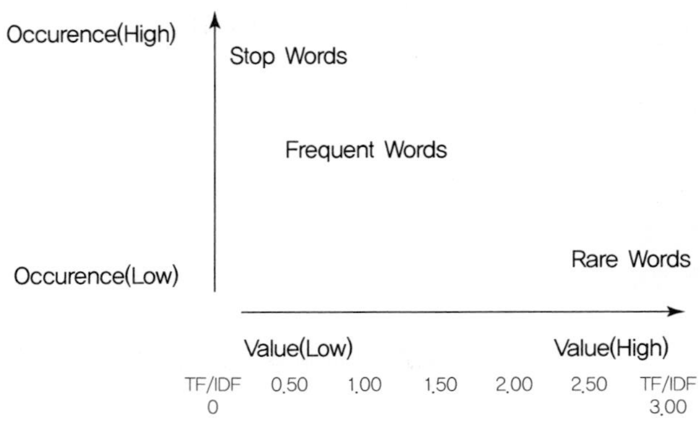

[그림 2-12] TF-IDF 값에 따른 상품명의 빈도 분포

수집된 상품명은 분류기 학습을 위해서 자연어 처리가 선행되어야 한다. 본 연구에서는 R KoNLP를 활용하여 각 상품명의 명사를 추출하여 훈련 데이터(training data)에 적합한 형태로 가공하였다.

TF-IDF(Term Frequency-Inverse Document Frequency)는 여러 문서로 이루어진 문서군이 있을 때 어떤 단어가 특정 문서 내에서 얼마나 중요한 것인지를 나타내는 통계적 수치이다. TF(Term Frequency, 단어 빈도)는 특정한 단어가 문서 내에 얼마나 자주 등장하는지를 나타내는 값으로, 이 값이 높을수록 문서에서 해당 단어가 중요하다고 생각할 수 있다. 하지만 단어 자체가 한 문서가 아닌, 전체 문서에서 자주 사용되는 경우, 이것은 그 단어가 흔하게 등장한다는 것을 의미한다. 이것을 DF(Document Frequency, 문서 빈도)라고 하며, 이 값의 역수를 IDF(Inverse Document

Frequency, 역문서 빈도)라고 한다. TF-IDF는 TF와 IDF를 곱한 값이다. 예를 들어, 상품명 중 '청바지'는 의류 카테고리에 속하는 상품명에서만 빈번하게 등장하므로 TF-IDF 값이 높게 나타나지만, '세일'이라는 단어는 여러 카테고리에 걸쳐 빈번하게 등장하므로 TF-IDF 값이 작아진다. TF-IDF를 적용함으로써 분류기 모델의 성능을 높였다.

상품 분류에 유용하지 않은 단어(무료배송, 당일배송, 세일, 신상품, 신상품 출시 등)를 제거하기 위해 TF-IDF 값이 낮은 단어는 제거하였다(Stop Words, 명령어 사용). 두 음절분해(Bi-gram) 방식으로 단어 간의 상관관계와 오타 등을 고려하였다.

같은 상품 카테고리에는 비슷한 종류의 단어들이 분포하므로 단어들 간의 유사도를 바탕으로 분류기 모델 기준을 생성하기 위해 용어 문서 매트릭스(term document matrix)로 각 카테고리별 단어 빈도를 표로 만들어 사용한다.

상품명 분류기 모델을 구축할 때 RF 알고리즘을 적용하였다. RF는 배깅(bagging) 기법을 사용하여 복수의 의사결정나무(decision tree)를 만들고, 각 나무의 분류 결과를 다수결(voting)하여 최종 분류 결과로 도출하는 머신러닝 알고리즘으로 안정성과 정확도를 향상시키기 위해 고안된 일종의 앙상블 학습법이며, 과적합(over-fitting)을 피할 수 있다는 장점이 있다. 예를 들어, 동일한 상품명을 나무에 넣었을 때 10개의 의사결정나무 중에서 3개는 건강식품으로, 7개는 신선식품으로 분류하였다면 최종 분류 결과를 신선식품으로 선정하게 되는 것이다.

VP 결제내역 상품명
(G마켓히트상품) 아이매직 RF1430 무선합본 외 1
50% 할인 이자녹스 셀리뉴 쿠션EX
다로스 샤워기 외 0건
종합신용관리플러스 3년
자히르 완전편한 브룩 로우힐/미들힐 샌들 6.5cm
오뚜기 스파게티 소스(마늘 양파) 685g
[봄신상] 쏠리에 퍼픔 블라우스 6종
전기난로/히터/대용량
에어윅 자동분사기 본품세트/기···
허브데이 365 산뜻 레몬 클렌징폼
uag핸드폰케이스 아이폰6케이스 아이폰5케이스 s5
아이코닉스 타요 스페셜 꼬마버스 세트 혼합색상 타요

[VP 상품명 raw 데이터]

➡

KoNLP를 활용한 명사 추출
마켓/히트상품/아이/매직/RF1430/무선합본
50% 할인/이자녹스/셀리뉴/쿠션EX
다로스/샤워기
종합/신용/관리/플러스
자히르/완전편한/브룩/로우/미들/샌들/6.5cm
오뚜기/스파게티/소스/마늘/양파/685g
봄신상/퍼픔/블라우스
전기난로/히터/대용량
에어윅/자동/분사기/본품/세트
허브데이/365/산뜻/레몬/클렌징폼
uag/핸드폰/케이스/아이폰6케이스/아이폰5케이스/s5
아이코닉스/스페셜/꼬마/버스/세트/혼합/색상

[형태소 분석 등 전처리]

⬇

1분류 분류기 모델 적용	2분류 분류기 모델 적용
가전_디지털	PC부품_주변기기
뷰티	화장품_향수_미용
잡화_생필품_주방	생활용품
뷰티	화장품_향수_미용
잡화_생필품_주방	신발
건강_식품	가공식품
의류	여성의류
가전_디지털	전기매트_가습기_난방가전
자동차_공구	공구_산업용품
뷰티	화장품_향수_미용
가전_디지털	휴대폰
출산육아	장난감

[랜덤 포레스트 분류기 모델 적용]

[그림 2-13] 상품명 분류기 모델 구축 과정

상품명 정보에서 추출된 명사로 1단계 분류와 2단계 분류 기준의 상품 카테고리 목록을 먼저 만들었다. RF 알고리즘을 사용하였을 때 1단계 분류 정확도는 82%였고, 2단계 분류 정확도는 95.5%

를 보였다. SVM(Support Vector Machine)을 사용하였을 때도 성능은 크게 차이나지 않았지만 수행속도 면에서는 RF 방법이 우수했다. 일반적으로 RF 방법은 간단하면서도 수행속도가 빠르기 때문에 선호되기도 한다. 본 연구에서도 수많은 상품 정보를 처리하기 위해서 RF 알고리즘을 선정하였다.

456,642개의 훈련 데이터 중 무작위 추출된 396,642개의 데이터로 모델을 구축하고, 나머지 60,000개의 데이터로 정확도 확인 및 교차 타당화(cross validation)를 통한 모델 검증을 하였다.

라. 구매예측 모델

(1) 구매예측 모델 개요

POS의 상품판매 정보는 분류에 어려움이 있다. 특히 온라인 상품판매 정보는 자연어 형태로 되어 있는 경우가 있어 분석하려면 정형화된 상품 분류체계가 필요하다.

연구의 목적에 따라 분석틀의 수준을 달리 설정할 필요가 있다. 상품제조회사의 상품명을 그대로 사용하여 특정 영역의 상품을 분석할 수도 있고, 동종의 상품별로 고객의 속성을 분석하는 상위 수준의 분석 작업을 수행할 수도 있다. 본 연구에서는 전체 상품군을 분석하고자 단계별 상품 분류 기준을 설정하고 상품명을 이 분류 기준에 맞추었다.

카드 고객의 회원번호, 나이, 성별, 거주 지역(구 단위), 추정소득, 구매일 휴일 여부, 카드등급, 생애주기, 평균 사용 금액, 평균 사용 건수, 지갑점유율, 일시불구매 활성화지수, 할부구매 활성화지수 등 13개의 고객 속성에 관한 변수를 사용하였다(960만 개, 3GB 용량의 데이터).

나이	성별	FLC	-	평균 사용 금액 등
32	남성	1	-	300,000
25	여성	1	-	30,000
41	여성	2	-	50,000
52	남성	3	-	150,000
27	여성	2	-	70,000
35	남성	2	-	40,000
40	남성	2	-	500,000

➡ 구매예측 모델

1분류	2분류
가전_디지털	PC부품_주변기기
뷰티	화장품_향수_미용
잡화_생필품_주방	생활용품
건강_식품	가공식품
의류	여성의류
가전_디지털	전기매트_가습기_난방가전
자동차_공구	공구_산업용품

[그림 2-14] 구매예측 모델 구축

고객의 속성 관련 변수를 통해 고객이 특정 상품 카테고리를 구매할 확률을 예측하는 모델을 구축하고자 한다. 이 구매예측 모델을 통해서 구매 확률이 높은 상품과 이 상품을 구매할 가능성이 높은 고객을 선별하여 상품별 맞춤화된 마케팅을 실행하는 것이 가능하다.

(2) 구매예측 모델 구축

본 연구에서는 상품을 분류하는 상위 수준(1분류)을 13개로 선정하였고, 하위 수준(2분류)을 56개로 정하였다. 이 상품 분류를 종속변수로 하고 고객의 속성 관련 변수를 독립변수로 하였을 때 각 관측치가 종속변수의 어떤 범주에 속할지 확률 값을 기반으로 예측하는 모델을 만들고자 하는 것이다.

본 연구에서는 다항 로지스틱 회귀분석(Multinomial Logistic

Regression: MLR)과 랜덤 포레스트(RF)를 사용하였다. 예측 정확도는 MLR에 비해 RF가 상대적으로 높은 경향을 보이나, MLR은 각 독립변수의 회귀계수를 통해 독립변수가 종속변수에 미치는 영향을 확인하는 것이 가능한 장점을 가지고 있다.

MLR은 종속변수가 이항형(0 또는 1)이면서 다항형을 가진 경우에 사용하는 알고리즘으로서 1개 이상의 독립변수를 기반으로 특정 관측치가 종속변수의 범주 중 어떤 범주에 속할 수 있는지 각각의 확률 값을 구하는 데 사용된다. K개의 범주를 갖는 종속변수의 경우 K-1개의 이항 로지스틱 회귀 모델을 구축하여 참조(reference)가 되는 1개의 카테고리와 K-1개의 카테고리를 개별적으로 비교하게 된다. K개의 카테고리 중 하나에 속할 확률이 100%라는 것을 이용하여 각 범주에 대한 확률 값을 도출하게 된다.

온라인구매 정보의 결제일자, 결제시간, 가격, 상품명, 결제카드 구분 필드의 값에서 상품명을 상품명 분류기의 출력 값(1분류 또는 2분류 상품 카테고리명)으로 대체하고, 카드사 고객 원장의 고객 속성 정보인 회원번호, 나이, 성별, 거주 지역, 추정소득, 구매일 휴일 여부, 카드등급, 생애주기, 평균 사용 금액, 평균 사용 건수, 지갑점유율, 일시불구매 활성화지수, 할부구매 활성화지수 등의 정보와 융합하게 된다. 두 정보를 융합(join)할 때에는 회원번호, 카드번호, 결제일 등의 정보를 이용하여 카드 거래 건을 찾아 데이터를 병합하였다.

고객의 속성 데이터는 성별(여성/남성), 거주 지역(서울/경기 등), 가구 생애주기(1인가구/신혼 · 영유아/초 · 중 · 고자녀/성인자녀/노인가구), 일시불구매/할부구매 활성화지수(무실적/10만 원 초과/…

MB_ CDHD_ NO	SEX	SOW	FLC	region	holiday	MEAN AMT SPENT	age	log_ INDV_ INCM	GRD	LUMP_ ACT_ IDX_RE	INS_ ACT IDX_RE	가구 인테리어	가전_ 디지털	건강_ 식품	도서음반	반려동물	뷰티	스포츠 레저	여행 e쿠폰	의류	자동차 공구	잡화_ 생필품_ 주방	출산육아	취미
2417562809	1	1	5	1	0	1437780	61	10.69483	5	8	1	0.00000	0.80506	0.19309	0.00007	0.00000	0.00000	0.00000	0.00000	0.00000	0.00000	0.00178	0.00000	0.00000
32142016257	0	1	3	3	0	32658.25	43	4.276666	1	1	1	0.08254	0.10703	0.10569	0.09867	0.01034	0.08994	0.08453	0.08354	0.09233	0.04929	0.10654	0.08517	0.00438
24127503447	1	0.088	3	1	0	48680.8	46	10.40007	3	4	5	0.00001	0.53427	0.39396	0.05784	0.00000	0.00012	0.00000	0.00000	0.00831	0.00000	0.00545	0.00003	0.00000
24119286999	1	0.039	2	1	0	5967.143	42	9.128805	3	3	3	0.01454	0.29207	0.27022	0.16405	0.01023	0.03060	0.00956	0.00031	0.09839	0.00272	0.08222	0.02165	0.00346
24116365533	0	0.49	3	3	1	9543.24	42	8.476996	3	4	2	0.04199	0.19805	0.19020	0.14697	0.02162	0.06273	0.03420	0.00581	0.11250	0.01547	0.10821	0.05184	0.01041
31169507875	1	0.172	1	3	0	1085.627	20	6.186209	1	1	1	0.07625	0.08398	0.08376	0.08239	0.07278	0.07817	0.07530	0.06734	0.08102	007155	0.08087	0.07724	0.06936
24136337020	0	0	2	3	0	43550.82	34	5.236442	1	1	1	0.07937	0.11654	0.11450	0.10385	0.00411	0.09021	0.08192	0.07871	0.09432	0.03692	0.11504	0.08326	0.00126
24138505425	0	0	1	3	0	7285.714	29	6.829794	1	2	1	0.07714	0.09908	0.09833	0.09387	0.05149	0.08264	0.07539	0.05879	0.08958	0.6153	0.09164	0.07978	0.04075
23167465466	1	0.659	1	4	0	8275.935	22	6.603944	1	1	1	0.07826	0.09682	0.09615	0.09225	0.04983	0.08305	0.07705	0.06381	0.08852	0.06335	0.09118	0.08050	0.03924
2416297583	1	0	4	3	0	6036808	59	8.533854	3	8	1	0.00000	0.60492	0.00783	0.00000	0.00000	0.00000	0.00000	0.00000	0.00000	0.00000	0.38725	0.00000	0.00000

[그림 2-15] 1분류 상품군 구매 예측(MLR)

/200만 원 초과), 카드등급(체크카드/일반신용카드/우량신용카드/골드신용카드/플래티넘신용카드), 구매일 휴일 여부 등의 범주형 변수와 나이, 평균 사용 금액(신용 · 체크카드 매출액/결제 건수), 추정소득(오른쪽 방향 비대칭이므로 log 변환), 지갑점유율 등의 연속형 변수가 혼재되어 있다.

상품판매 정보에는 동일인의 구매 정보도 포함되어 있기 때문에 각 건을 개별 건으로 보았을 경우와 동일인의 결제 건으로 그룹화할 경우의 구매예측 모델의 확률이 다름을 보인다. 1분류를 예를 들어 설명하면, 고객이 1분류 13개 상품 중 가장 높은 구매 확률의 세 가지 상품군을 예측하는 정확도가 RF의 경우에는 개별 고객당 67.1%였다.

■ **표 2-2 구매예측 모델의 정확도**

분류 알고리즘	다항 로지스틱 회귀 분석 (MLR)	랜덤 포레스트 (RF)
1분류(Top 3)-결제 건당	50.4%	55.8%
1분류(Top 3)-개인 고객당	55.8%	67.1%
2분류(Top 7)-결제 건당	35.7%	62.7%
2분류(Top 7)-개인 고객당	38.6%	66.2%

대부분의 경우, 각 분류 수준에 따른 고객의 구매예측 모델의 정확도는 RF의 경우가 MLR에 비해 높게 나타났다.

(3) 구매예측 모델 해석

고객의 속성에 관한 독립변수 중 추정소득, 평균 사용 금액(건당), 나이 등이 상품군 구매 확률에 비교적 큰 영향을 끼치는 변수로 판단된다. 6개월간(2016. 4.~2016. 9.)의 데이터만을 활용하여 계절효과(seasonal effect)가 반영되지 않았고, 검사 데이터 세트(test data set)를 통한 모델 검증만을 시행하였기에 구매예측 모델을 활용한 마케팅의 반응률 차이 검증 등의 강건성 점검(robustness check)이 추가로 필요할 수 있다.

고객의 속성에 맞게 각 상품군의 구매예측 확률을 계산할 수 있고, 그중 1분류 상품군을 기준으로 할 경우에는 최상위 구매 확률을 가진 3개의 상품군을 선정하고, 2분류 상품군 기준의 경우에는 최상위 구매 확률을 가진 7개의 상품군을 선정하게 되면 해당 상품군을 구매할 가능성이 높은 고객 집단을 추출할 수 있게 된다. 또한 그 집단의 고객 특징을 분석함으로써 상품별 구매 고객의 성향을 파악하는 것이 가능하다. 경쟁상품 간의 고객 속성을 비교하면 상품제조사에서는 상품개발과 가격결정에 유용한 자료로 활용할 수 있다.

이 구매예측 모델을 활용하게 되면 대형 유통점에서 마케팅을 할 때 특정 상품군(의류 또는 식료품 등)을 대상으로 카드사에서 할인 혜택이나 프로모션을 진행하는 것이 가능하다. 고객 개인별로 구매예측 확률이 높거나 구매예측 금액이 크거나 구매예측 시기에 맞추어 맞춤 오퍼(offer)를 제공할 수 있기 때문에 효율적인 마케팅 프로그램을 실현할 수 있다. 개인별로 상품에 대한 다각적인 예측 분석이 가능하므로 모바일 앱을 통한 각종 할인 프로모션을 개인별 맞춤형으로 제공할 수 있다.

본 연구에서는 상품군의 분류 기준을 온라인 오픈마켓의 것을 사용하였으나 최근에는 온라인과 오프라인 가맹점에서 판매하는 물건이 거의 유사하기 때문에 같이 사용할 수 있다.

마. 소결 및 향후 연구 방향

본 연구의 구매예측 모델은 추가적인 데이터 확보와 다양한 기계 학습 알고리즘의 보완을 통해 성능 향상을 할 여지가 있다.

상품판매 데이터가 방대한 관계로 6개월의 자료만을 사용하여 1년을 소비주기로 반복되는 계절효과를 충분히 다루지 못한 한계점이 있다. 그러나 다년간의 거래 데이터로부터 계절상품(에어컨 등) 구매예측 모델을 구축하거나 추석/설 명절을 위한 선물상품 구매예측모델 구축에도 유용하게 이용할 수 있다.

본 연구에서는 범용성을 위하여 전체 상품명을 사용하였지만 각 상품 분류 영역별로 구매예측 모델을 구축하는 것에도 유용할 수 있다. 홈쇼핑, 건강식품, 의류, 편의점, 전자 제품 등의 영역별로 상품판매 데이터를 확보하고, 이를 카드사의 고객 속성 정보와 연결하면 상품별 구매 확률을 설명하는 데 중요한 변수를 선별하여 확보할 수도 있다. 예를 들어, 편의점 구매예측 확률은 고객의 거주지 및 날씨와 밀접한 관계가 있을 수 있다고 예상할 수 있다.

또한 구매예측 확률 못지않게 중요한 것이 구매주기이다. 신선식품(계란, 우유, 요거트 등)과 같이 매주 구매하는 상품과 매달 일정기일에 다량으로 구매하는 생수는 서로 다른 부류에 속하며, 의류, 컴퓨터와 같이 계절과 수년에 걸쳐 구매하는 상품은 구매주기가 다르므로 각 상품군에 맞는 특화 예측 모델을 만들 필요가 있다.

고유의 상품군에 다항 프로빗 모형(multinomial probit model), 그래디언트 부스팅(gradient boosting) 등 다양한 알고리즘을 적용하여 가장 적합한 모델을 검증하는 노력도 병행해야 할 것이다.

3. 소셜 데이터 융합 사례

가. 서론

(1) 분석 목적 및 개요

본 연구[2)]는 갈수록 경쟁이 격화되고 있는 국내 신용카드 업종에서 새로운 서비스 제공과 내부 경쟁력 향상을 위한 과제로 소셜 데이터와 카드 거래 데이터의 융합 분석을 이루어 낸 '소비 트렌드 분석 및 예측' 사례를 다루고자 한다. 본 사례 연구의 '소비 트렌드 분석 및 예측'은 소셜 데이터를 활용한 트렌드 프로파일링 작업과 카드 및 소셜 데이터를 연계하는 알고리즘 개발 및 분석내용 시각화를 통해 마케팅 인사이트를 도출하는 새로운 마케팅 기법이다. 정형·비정형 빅데이터 분석을 통해 소비 트렌드를 분석하고 예측하여 카드사에 실제적으로 도움이 되는 마케팅을 실행하기 위해 연구를 추진하였다. 연구 기간은 2015년 6월부터 12월이었으며, 정형 데이터로는 카드 거래 데이터, 비정형 데이터로는 소셜 데이터를 활용하였다.

2) 본 논문의 표 · 그림은 특별한 출처가 없으면 김성현, 장석호와 이상원(2017)을 포괄 인용한 것임.

(2) 분석 목표 및 배경

본 사례는 국내에서 최초로 카드 거래 데이터와 소셜 데이터를 연계 분석하는 사례로 소셜 빅데이터를 활용하여 카드사 마케팅에 성공 사례를 창출하고, 동종업계에 이를 전파하고 확산하여 빅데이터의 저변을 넓히는 데도 목적을 두었다. 기존에도 카드 거래 데이터에 대한 데이터 분석은 많이 진행되어 왔다. 그러나 카드 및 고객 데이터를 마이닝하여 새로운 카드상품을 개발하거나 마케팅 캠페인을 수행하는 경우는 가장 일반적인 데이터 분석의 사례이고, 소셜 데이터를 분석하는 경우도 카드사의 평판을 조사하고 이를 홍보 및 마케팅에 활용하는 경우에 그쳤다.

기존의 마케팅은 담당자의 감과 경험에 의존하는 경향이 있어 새로운 마케팅을 기획할 때 마케팅 키워드 선정에 어려움이 있었고, 분석 툴이나 프로세스 없이 진행하는 트렌드 조사에 마케팅 추진 방향이 결정되어 마케팅 결과에 편차가 컸다. 또한 다양한 소비 성향의 증가로 사회적 변동성에 대한 후행지표인 카드 거래 데이터 분석만으로 소비자를 예측하기 어려운 점이 있었다. 기존의 카드 거래 데이터 분석은 내부 고객의 데이터만 분석한다는 한계점을 가지고 있었고, 한 가지 특정한 성향에 머물지 않고 시기 · 장소별로 다양한 소비 유형을 보이는 소비 성향을 모두 포괄하기 힘들었다. 특정 시점 기준으로 카드 거래 데이터를 분석하고 실제 마케팅을 하는 것은 최소 6개월에서 최대 1년 전의 소비 트렌드를 반영하게 된다는 점을 고려하면 적시성 있는 마케팅 캠페인의 기획이 어려운 것임을 알 수 있다.

본 연구에서는 정형 데이터인 카드 거래 데이터와 비정형 데이터인 소셜 데이터를 연결할 수 있는 키(key) 값을 고안하고, 이를 바탕으로 모양이 다른 두 가지 데이터를 연계할 수 있는 알고리즘 기반 마케팅 시스템을 개발해 실제 시중 은행의 카드 마케팅에 적용하여 기존 마케팅의 한계를 극복하고 새로운 형태의 마케팅 기획 방법론을 도출하는 데 의의를 두었다. 기존에도 카드사별로 카드 거래 데이터를 분석하거나 소셜 트렌드를 기반으로 카드 출시를 하는 경우는 있었으나, 정형 데이터인 카드 거래 데이터와 비정형 데이터인 소셜 데이터를 융합하여 분석한 사례는 본 연구가 최초라 할 수 있다.

(3) 분석 데이터

대표적인 정형 데이터인 카드 거래 데이터(일 평균 1천만 건)와 수집한 소셜 미디어 데이터(일 평균 80만 건)를 활용하여 연구를 진행하였다. 소셜 데이터만 활용한 업무 분석 또는 카드 거래 데이터만 활용한 업무 분석은 기존에도 있었으나, 여기서는 업계 최초로 형태가 다른 두 데이터의 융합을 시도하였다.

(4) 분석 과정

첫 번째 단계에서는 지난 5년 동안 추적 관리해 온 소비 트렌드 정보를 기반으로 트렌드 맵을 구성한다. 이 단계에서는 연관어 분석 등을 통해 트렌드별로 매핑되는 키워드를 나열하여 시각화된 맵을 구성한다. 두 번째 단계에서는 트렌드 프로파일링으로 소셜 데이터를 정형화한다. 트렌드를 분석하는 목적은 향후 카드사 마케팅 활용에 있으므로 이의 사전 작업 격인 프로파일링 작업에서는 각 트렌드별 속성을 육하원칙에 기반하여 행태를 정의하는 데 있다. 세 번째 단계에서는 카드 거래와 소셜 데이터를 연계할 수 있는 키를 마련하고, 통계 방법을 활용하여 두 가지 데이터를 연계하여 패턴을 도출한다. SNS, 블로그 등 소셜 데이터 분석을 통한 라이프스타일 기반 소비행태를 분석하고, 트렌드를 대표하는 집단의 속성을 신용카드 거래 데이터로부터 분석한다. 마지막 단계에서는 빅데이터 분석으로 도출된 소셜 트렌드를 기반으로 마케팅 캠페인을 기획하고 실행한다. 마케팅 캠페인의 실행 후에는 전년 혹은 전년 대비 매출을 바탕으로 성과를 평가한다.

	Main Goal	Date/Task
1 Trend Map Configuration	• Development of the six customer group definition principles using social big data	• 2015. 6.~2015. 7. • Social Data Analytics
2 Profiling Trends	• Deriving profile by social trend(Dynamic Life Style Segmentation)	• ~2015. 8. • Social Data Analytics
3 Development of Linkage Algorithm	• Deriving key value of card/ social data linkage mapping, deriving associative consumption pattern	• ~2015. 9. • Formatting social data
4 Marketing Execution and Performance Evaluation	• Applying social data to target marketing and analyzing marketing results	• ~2015. 10. • Applying marketing on customer network

[그림 2-16] 분석 과정

분석 과정에서는 분석에 필요한 카드 거래 데이터와 소셜 데이터를 수집 · 가공하고 정제하고 활용 가능한 정보를 탐색 및 분석하는 사전 단계를 거쳐야 한다. 분석 시에는 고객들의 라이프스타일 변화를 토대로 하고, 카드 거래 데이터 분석을 통해 보유하고 있는 고객 세그먼테이션 정보를 활용한다. 소셜 데이터와 카드 거래 데이터의 융합을 위해서는 주성분 분석 결과를 매핑하여 매칭도가 높은 주성분 집합을 도출하는 '주성분 분석'과 '유클리디안 거리(Euclidean distance)' 방법을 활용한다. 주성분 분석은 많은 변수의 분산 및 공분산 구조를 간결하게 요약하여 표현하는 주성분을 선형결합을 통해 추출하는 통계 기법으로 카드 거래와 소셜 데이터의 요약에 활용되었다. 유클리디안 거리는 중심값에서 변수가 갖는 거리를 측정하는 통계 분석 기법으로 본 연구에서는 소셜 데이터와 카드 거래 데이터의 주성분 간 거리를 측정하여 가까울수록 소셜 데이터에서 언급하는 업종 비중과 카드 거래 데이터 업종 매출 비중이 유사한 것으로 볼 수 있다. [그림 2-17]에 나와 있듯이, 카드사의 거래 데이터와 소셜 데이터의 상품 관련 데이터를 결합하여 분석하기 위해서는 각 데이터에서 언급하는 업종을 상호 연계할 수 있어야 한다. 이를 위해 기존의 카드사의 업종을 재분류하여 신업종 코드를 생성하였다. 분석과 마케팅 과정은 아이들을 위해 돈을 쓰는 주체가 부모 외에도 친가와 외가의 조부모가 있다는 의미를 가진 '식스포켓(six pocket)' 관련 트렌드를 활용하여 설명한다.

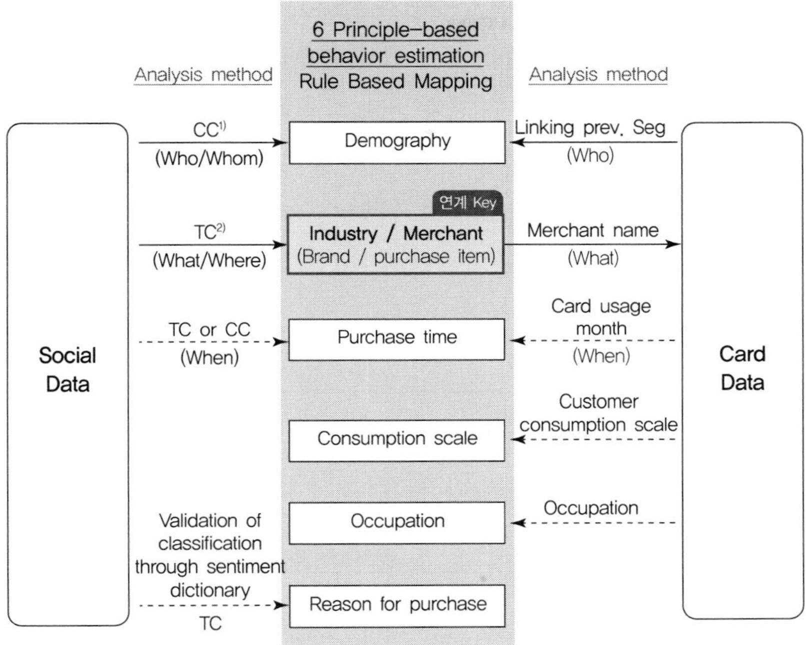

1) CC: Contents Categorizer. Classify documents according to designed text model
2) TC: Topic Clustering. Classify topic word grouping

[그림 2-17] 업종에 의한 분석

나. 소비 트렌드 분석 모형

(1) 분석 과정 및 결과

식스포켓 트렌드와 관련 주성분 분석을 수행한 결과, 분식 · 뷔페 등의 외식과 주로 관련된 업종으로 구성된 주성분, 전시 및 공연체험 업종 위주의 주성분, 유아용품 및 잡화 업종 위주로 구성된 주성분 등이 도출되었으며, 카드 거래 데이터와 소셜 데이터 각 영역에서 유사한 주성분들이 관측되었다.

카드 거래 데이터와 소셜 데이터 각각의 주성분에 대하여 유클리디안 거리를 측정한 결과, 비교적 작아서 유사한 업종으로 구성된다고 판단되는 각 영역의 주성분을 추출한다. 어떤 유형의 업종의 비중들로 구성된 하나의 주성분은 하나의 소비 패턴을 나타낸

Card data

six-pocket new industry classification	PC1	PC2	PC3
Education_Book			
Education_ Private Education	**-0.271**		-0.158
Play experience		0.123	0.354
Baby goods		-0.106	0.322
Clothing_		-0.146	0.338
Bicycle		0.205	-0.539
Toy			
Exhibition_Performance Experience		0.216	-0.406
Stationery			-0.195
Southeast Asia			0.117
Snack bar	**0.259**	0.296	0.264
Buffet	**0.435**	-0.265	
Western food	**0.415**	-0.211	
Japanese	**0.209**	-0.353	
Chinese	**0.282**	0.179	
Cafe_Dessert	**0.327**	0.341	
Fastfood	**0.263**	0.547	
Korean	**0.437**	-0.267	-0.119

Social data

six-pocket new industry classification	PC1	PC2	PC3
Education_Book			
Education_ Private Education	**0.111**		-0.158
Play experience		0.123	0.354
Baby goods		-0.106	0.322
Clothing_		-0.146	0.338
Bicycle	**0.278**	0.205	-0.539
Toy			
Exhibition_Performance Experience		0.216	-0.406
Stationery			-0.195
Southeast Asia			0.117
Snack bar	**0.209**	0.296	0.264
Buffet	**0.418**	-0.265	
Western food		-0.211	
Japanese	**0.212**	-0.353	
Chinese	**0.156**	0.179	
Cafe_Dessert	**0.327**	0.341	
Fastfood	**0.638**	0.547	
Korean	**0.234**	-0.267	-0.119

[그림 2-18] 주성분 분석 예시

다고 할 수 있다. 유사한 주성분으로 판단되는 소셜 데이터와 카드 거래 데이터의 소비 패턴은 공통되는 여러 개의 업종을 공유할 수밖에 없으며, 주요한 여섯 개의 공통되는 소비 패턴을 나타내었다. 예를 들어, 카드 거래 데이터의 주성분 분석 결과, '패스트푸드, 전시 공연/체험, 유아용품, 의류/잡화, 자전거'를 주성분으로 하는 소비 패턴과 '의류/잡화, 자전거, 학용품'을 주성분으로 하는 소셜 데이터 소비 패턴은 유사한 집단이라고 할 수 있으며, '의류/잡화, 자전거'를 공통으로 하는 소비 패턴으로 정의할 수 있다. 카드 거래 데이터 분석으로 알 수 없는 추가적인 관심사를 소셜 데이터에서 확인할 수 있으며, 이를 마케팅에 적극적으로 활용한다.

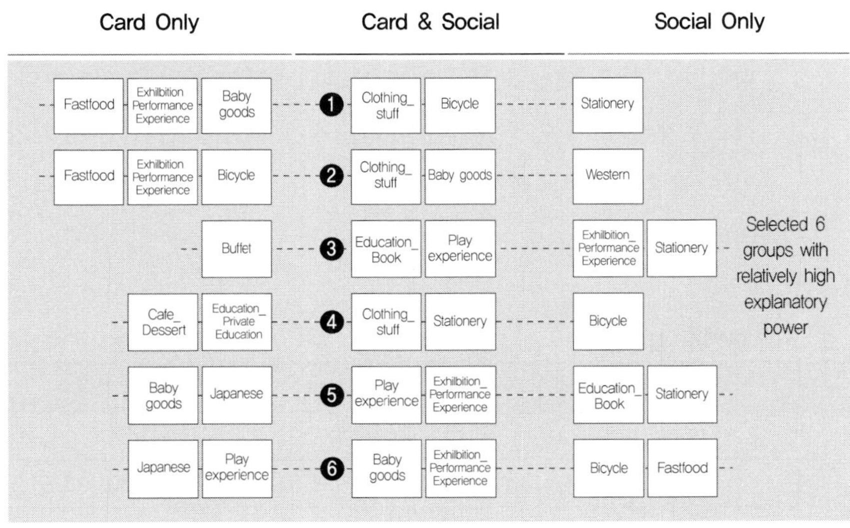

[그림 2-19] 유클리디안 거리 분석 예시

(2) 마케팅 캠페인 진행 및 성과

카드 거래 데이터와 소셜 데이터의 융합을 기반으로 한 트렌드를 도출한 후에는 이를 바탕으로 마케팅 캠페인을 기획하고 실행한다. 융합 트렌드 마케팅의 성과를 다각적으로 판단할 수 있도록 매회 다른 특성을 가진 세그먼트를 대상으로 캠페인을 실시하여 객관적인 성과 측정이 될 수 있도록 하였다. 캠페인은 총 3회가 실시되었으며, K 은행과 D 은행에서 2015년 9~10월에 시행되었다.

1차 테스트 마케팅은 26개 고객 세그먼테이션 중 4개의 세그먼테이션 고객을 대상으로 시행되었다. 세그먼테이션은 새내기 직장인(Mr. starter), 신입생(Freshman), 좋은 남편(Nice-hubby), 노멀 코어(Norm-core), 식스포켓(Six-pocket)이다. 노멀코어는 노멀(normal)과 하드코어(hardcore)의 합성어로 평범함을 표방하지만 평범하지 않은 패션을 추구하는 세그먼테이션 집단을 의미한다. 식스포켓은 조카를 두었거나 아이들에게 선물을 할 만한 동기가 있는 연령 혹은 이러한 소비 취향을 가진 것으로 판단되는 세그먼테이션이다.

■ 표 2-3 마케팅 캠페인

	1차 마케팅	2차 마케팅	3차 마케팅
은행	K 은행	K 은행	D 은행
기간	2015. 9. 12.~9. 30.	2015. 10. 1.~10. 11.	2015. 10. 20.~10. 31.
목표 고객	매우 트렌디한 경향이 있는 세그먼트에 속한 10,000명	카드/소셜 연관 소비 패턴을 보이는 세 가지 세그먼트 20,000명	카드/소셜 연관 소비 패턴을 보이는 다섯 가지 세그먼트 70,000명

마케팅은 소셜 데이터에서 많이 언급된 업종과 유사한 소비 패턴을 갖는 카드 소비 업종 패턴을 매핑하여 카드 고객 약 1만 명을 대상으로 목표 금액(10~30만 원)을 사용하면 할인쿠폰을 사용할 수 있도록 하는 방법으로 진행하였다. 이러한 마케팅을 시행하는 기간 동안 카드 이용 금액은 전년 대비 6.3%, 인당 이용 금액은 최대 3만4천 원이 증가하였으며, 마케팅 목표 금액 달성 고객 수는 전년도 캠페인 대비 11.3%가 증가하는 성과를 거두었다.

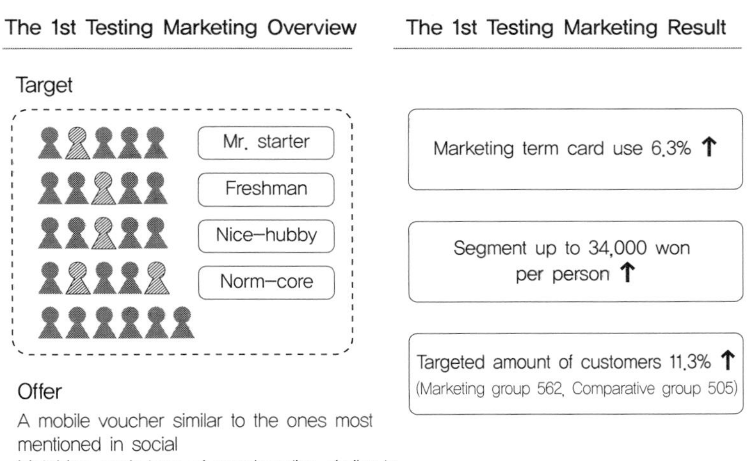

[그림 2-20] 1차 마케팅 캠페인 결과

2차 테스트 마케팅은 약 2만 명을 대상으로 기존 카드 세그먼테이션과의 연계 없이 이번 과제의 분석 결과만을 활용하여 카드/소셜 연관 업종 소비 패턴을 보이는 집단을 타깃으로 하고, 소셜상에서 관심 있게 언급한 업종, 카드 거래 데이터에서 소비를 보인 업종을 각각 마케팅 오퍼로 매칭하여 마케팅을 10월 1일부터 10월 11일까지(총 11일) 시행하였다. 동일한 소비 성향을 보이는 고객 세그먼트를 대상으로 마케팅을 시행한 실험 집단과 시행하지 않은 통제 집단으로 나누어 캠페인의 성과를 측정해 본 결과, 실험 집단은 카드 이용 금액이 약 9억 원 증가하였으며, 인당 이용 금액은 약 4만 원이 증가하였음을 확인하였다. 또한 마케팅 목표에 도달한 고객이 통제 집단 대비 3백 명 이상 많아 캠페인이 성과가 있음을 객관적으로 증명하였다.

3차 테스트 마케팅은 D 은행 고객을 대상으로 시행되었다. 약 7만 명을 대상으로 진행하였는데, 11일간 진행한 단기 마케팅임에도 불구하고 오퍼 반응률을 평균 6.3% 달성하여 약 7천6백만 원의 수익을 창출하였다.

총 3회에 걸쳐 진행한 마케팅 캠페인의 성과를 확인하기 위해 전월, 전년 동기 대비 기존 정기 캠페인과 비교하였다. 비교는 마케팅 결과를 분석할 때 가장 일반적으로 사용하는 마케팅 승수를 계산하여 수행되었다. 마케팅 승수는 마케팅에 투여한 비용 1원당 얼마만큼의 매출 증대 효과가 있었는지를 측정하는 지표로, 마케팅 기간에 발생한 카드 이용 금액에서 전월 동 기간 발생한 카드 이용 금액을 뺀 차액을 마케팅에 투여한 비용으로 나누어 계산한다. 전반적인 마케팅 승수는 42~101로 캠페인의 성과가 있음을 확인하였고, 상세 결과는 〈표 2-5〉에 제시하였다.

■ 표 2-4 캠페인 반응

Group	Offer response				Total sales (B)	Sales profit (C=B×1%)	Revenue (C-A)
	Target (per.)	Response (per.)	Response rate	Offer cost (A)			
❶ Clothing stuff, Bicycle	5,707	383	6.7%	3,830,000	1,100,076,420	11,000,764	7,170,764
❷ Clothing stuff, Baby goods	2,437	182	7.5%	1,820,000	466,100,010	4,661,000	2,841,000
❸ Education book, Play experience	7,378	462	6.3%	4,620,000	1,331,379,255	13,313,793	8,693,793
❹ Play, Exhibition performance experience	30,001	2,058	6.9%	20,580,000	5,426,628,118	54,266,281	33,686,281
❺ Baby goods, Exhibition performance experience	25,536	1,405	5.5%	14,050,000	3,860,221,125	38,602,211	24,552,211
Sum	71,059	4,490	6.3%	44,900,000	12,184,404,928	121,844,049	76,944,049

■ 표 2-5 최종 캠페인 결과

	Campaign duration (Billion Won)	Previous month (Billion Won)	Previous year (the same month, Billion Won)	Marketing multiplier		Marketing cost (Million Won)
				Lost Month	Previous year	
1st marketing	9.8	7.9	7	**33.90**	**49.10**	5.6
2nd marketing	59.1	55.5	38.9	**17.81**	**101.66**	1.9
3rd marketing	127.2	113.8	108	**29.67**	**42.66**	4.4

- Previous month's marketing multiplier=(Campaign period amount-Previous month amount)/Marketing cost
- Existing six regular upsell marketing average marketing multiplier per month: 15.86(Campaign code: average of 6 campaigns including 4 performance-enabled campaigns, 2 recruitment card campaigns)

다. 소결

본 연구에서는 ‘업종’을 매개로 하여 기존에는 시도하지 않았던 정형 · 비정형의 형태를 가진 카드 거래와 소셜 데이터를 결합하고 새로운 트렌드를 도출한 후 실제 카드사의 마케팅에 적용하여 지속적으로 매출 성장에 긍정적인 영향이 있음을 확인하는 성과를 거두었다. 식스포켓으로 상징되는 키즈마켓에 대한 카드 거래와 소셜 데이터를 분석하여 서로 유사한 매출 패턴을 가지는 상품군(의류 잡화와 자전거 등)을 도출하고, 이를 마케팅 오퍼로 응용하여 관련 소비를 유도한 결과, 인당 이용 금액이 상승하는 성과를 거두었다. 카드와 소셜 연관 업종에 대한 동일한 소비 패턴을 가지는 집단으로 한 마케팅에서도 인당 이용 금액이 상승하는 성과를 보여 카드 거래-소셜 데이터 연계의 성과를 증명하였으며, 최종적으로 카드 거래와 소셜 데이터에서 도출된 연관 소비 패턴을 반영한 마케팅에서도 오퍼 반응률 평균 6.3%를 달성하여 데이터 융합으로 인한 가능성을 체계적으로 증명하였다.

카드사의 정형 데이터는 정확한 고객 개인과 소비 정보를 포함하고 있어 분석이 용이하지만 어떠한 상황에서 어떤 행태의 소비를 하는지 소비 양태를 파악하기 어려울 뿐더러 결과론적인 후행 데이터여서 현재의 소비 트렌드와 이에 적합한 마케팅을 효과적으로 하기 힘든 면이 있다. 반면, 소셜 데이터는 사회문화적인 이슈와 결부되어 변화하는 현 시점의 소비 트렌드를 실시간으로 반영하고 있어 마케팅 측면에서 유리한 면이 있지만, 정확한 화자 주체를 파악하기 어려워 분석과 마케팅에 활용하기 어려운 측면이 있다.

본 연구는 비정형 소셜 데이터를 카드사가 보유한 거래 데이터와 융합하여 이를 실제 마케팅에 적용한 금융업 최초의 사례로 빅데이터의 새로운 가능성을 보여 주었다. 소비자에 관한 선행 데이터인 소셜 데이터와 후행 데이터인 카드 거래 데이터를 융합하여 소비자에 대한 상호 보완적인 분석과 선행적인 마케팅을 할 수 있도록 방법론을 제시하였다. 소비자의 구매상품과 이것이 속한 업종을 매개체로 하여 융합한 양쪽의 프로파일은 현재 소비자의 관심을 최소 한 달에서 수개월 전에 예상할 수 있게 하고, 이 소비 트렌드에 관해 효과적으로 반응할 마케팅 집단을 선정할 수 있도록 한다. 일반적으로 소셜 데이터는 양은 많지만 불명확하여 금융회사에서는 분석용으로 기피되고 있다. 그러나 대표적인 비정형 빅데이터인 소셜 데이터도 정교한 분석과 융합 방법론이 뒷받침된다면 유용하게 활용될 수 있다는 것을 본 연구 결과는 보여 주고 있다.

또한 본 연구는 담당자의 역량에 의존하던 기존 마케팅의 한계를 소셜 데이터와 카드 거래 데이터를 결합한 인사이트를 통해 극복했다는 데 의의가 있다. 이러한 점에서 이번 연구는 소셜 데이터의 트렌드 분석을 통해 빅데이터 활용법을 제시하고, 매출 신장이라는 실질적인 성공을 거둠으로써 빅데이터 성공 사례를 창출하여 보수적인 금융업의 혁신을 유도하고 있다는 점에서 시사점이 크다. 사회의 소비 트렌드를 반영하고 있는 소셜 데이터를 활용한 정교한 마케팅 성공 사례라는 점과 「개인정보보호법」 등 각종 규제를 준수하면서도 이종 데이터의 융합 등 어려움을 극복할 수 있는 방안을 제시한 점도 본 연구의 공헌이다. 연구 측면에서도 주성분 분석과 유클리디안 거리 분석을 통해 정형 데이터와 비정형 데이터를 연계 분석할 수 있는 방법론을 제공한 점과 카드업계에서 활용되는 마케팅 승수를 통한 성과 비교를 제시한 점도 성과로 꼽을 수 있다. 본 연구는 카드 업종뿐만 아니라 다른 업종에서도 자사 데이터와 소셜 데이터를 연계 분석하기 위한 레퍼런스(reference)를 제공했다는 데 의의가 있다. 한편, 본 연구에서 기존 캠페인방식과의 성과 비교 같은 좀 더 정교한 방법을 통한 성과 증명이 미흡했다는 점은 한계로 남는다.

카드사의 거래 데이터는 소셜 데이터뿐만 아니라 공공 데이터 및 각 기관과의 제휴를 통해 이종 데이터의 융합으로 의미 있는 인사이트를 도출하거나 이를 지수화하여 지속 가능한 형태로 제공하는 데 활용할 수 있다. 카드 거래 데이터를 비식별 조치하여 고객의 세그먼트 단위로 소비 트렌드를 분석하여 유통기업 등에 제공한다면 이들 기업의 효과적인 마케팅에도 활용될 수 있다. 또한 카드 거래 데이터는 실물경제 동향 분석에 유용하게 활용될 수 있으며, 증권사가 보유한 증권 거래 데이터와 융합할 경우 경제 현황에 대한 심층적인 분석과 예측도 가능해진다. 앞으로 카드 거래 데이터를 다양하게 활용하여 타 산업에 제공 가능한 비즈니스 모델을 제시한다면, 의미 있는 마케팅 컨설팅 사업과 유료 비즈니스 모델의 창출로 융합 신산업 활성화에도 큰 공헌이 될 것이다.

4. 해외 사례

가. 액시엄

액시엄(Acxiom) 사는 1969년 창립되어 데이터 브로커(data broker)로서 가장 성공한 기업이 되었다. 이들은 여러 경로를 통해 고객에 관한 정보를 수집하고 이를 기업에 판매하여 매출을 올린다. 전 세계에서 가장 많은 개인 정보를 보유한 기업으로 평가되고 있으며, 9 · 11 테러 당시 19명의 가담자 중에서 11명에 대한 정보를 밝혀 유명세를 탄 기업으로 알려져 있다.

액시엄 사는 고객에 대해 더 잘 알기를 원하는 기업들을 위해 세상에 존재하고 떠돌아다니는 고객 데이터를 적극적으로 수집하고

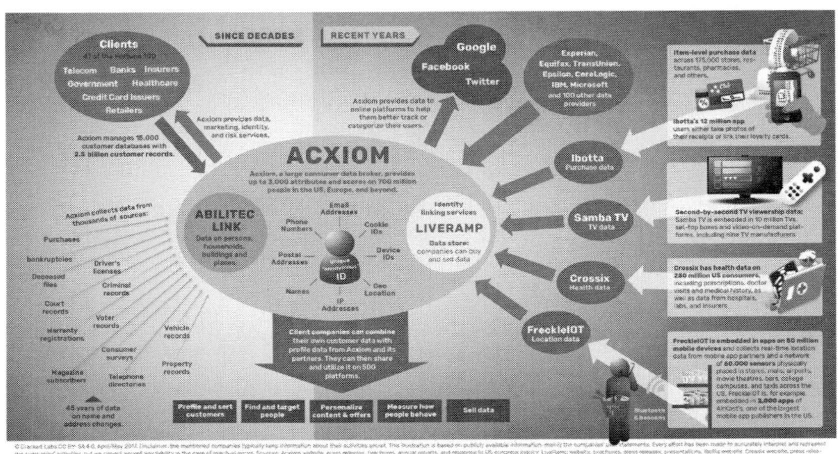

[그림 2-21] 액시엄 데이터의 내외부 융합

있다. 기업은 고객관계 관리나 데이터베이스 마케팅 등 다양한 분야에서 고객의 정보를 지속적으로 필요로 한다. 액시엄과 같은 형식의 데이터 유통 사업에 많은 국내외 기업이 참여를 선언하고 있다.

액시엄 사에서 수집하는 정보는 정부 등 공공기관에서 일반에 제공하는 정보를 가져와 사용하기도 한다. 예를 들어, 투표자 등록 정보, 범죄 기록 정보, 부동산 등기 정보가 대표적이다. 수많은 정보를 수집하여 이를 가공하고 연결하여 유용한 정보로 만드는 지속적인 활동이 이 회사를 성장시킨 노하우라고 생각한다.

개인에 관한 인구통계학적 정보와 관심사항, 구매행태, 재산 상태와 건강에 이르기까지 그 내용과 범위는 실로 방대하다. 또한 직접 수집한 정보 외에도 다른 데이터 브로커로부터 적극적으로 데이터를 구매하고 있다. 액시엄을 중심으로 집중된 고객의 데이터는 기업들에게는 실로 보물이나 다름없으므로 적극적인 구매의사를 갖게 되는 것이다.

그러나 액시엄 사에서도 개인 정보를 수집하고 사용함에 있어 규제당국의 감시에 직면하고 있기 때문에 매우 신중하게 정보를 사용하고 있으며, 구글이나 애플과 같이 다양한 고객 정보를 보유하고 있는 경쟁자와의 위치 정립에 있어서 고민이 있을 수밖에 없다.

나. 푸드 지니어스

외식업 분야에서는 고객이 원하는 음식과 서비스를 제공하는 것이 사업의 성패를 가른다. 또한 고객에게 맛집을 추천하여 접객을

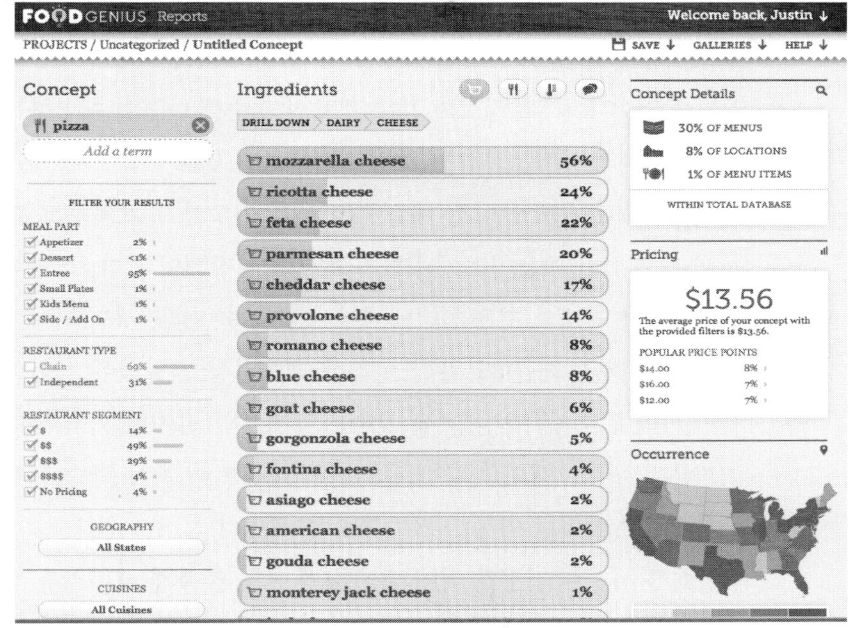

[그림 2-22] 푸드 지니어스 보고서 예시

돕는 활동의 중요성이 부각되고 있다. 푸드 지니어스(Food Genius) 사는 45만 개가 넘는 식당들의 위치 정보와 26만 개 이상의 음식 메뉴 정보를 파악하고 있다.

인터넷에서 수집한 정보와 다른 회사에서 제공된 정보를 취합하여 음식점, 식료품회사에 판매하고 있는 것이다. 사실 음식점 추천 앱은 넘쳐 나기 때문에 차별성이 없을 것 같지만, 푸드 지니어스 사는 각 식당의 메뉴, 가격, 평가와 식재료에 이르기까지 매우 세부적인 데이터를 보유하는 것에서 차별성을 가지고 있다. 전체 외식 산업의 트렌드와 동향의 거시적 시각에서 시작하여 각 식당에 대한 일반 정보, 그리고 각 메뉴에 대한 고객의 반응에 이르기까지 글로벌 외식 산업의 거의 전 부분에 걸친 정보를 정리하여 제공하고 있는 것이다. 기본 정보와 세부 정보의 수준을 나누어 제공하는 데이터의 가격을 차등화하는 정책도 시행하고 있다.

보통의 경우에는 음식점 매출 데이터를 카드사가 보유하고 있고, 메뉴 데이터는 음식점이나 POS 회사에 저장되어 있다. 식당과 메뉴에 대한 고객의 평은 인터넷에서 수집할 수 있다. 푸드 지니어스 사는 여러 협력업체로부터 이러한 데이터를 제공받아 융합한다. 데이터를 수집하는 체계를 갖추는 것도 중요하지만 외식 산업은 기본적으로 고객의 취향에 관계되는 것이므로 기계 학습과 같은 빅데이터 마이닝 역량도 매우 중요한 성공의 요소가 된다. 고객의 선호를 사전에 정확히 읽어 내어 호응도 높은 추천 서비스를 제공하기 때문에 푸드 지니어스 사에서 융합 · 분석된 정보에 대해 높은 가치가 인정되고, 지속적인 데이터 제공협력 관계를 기대하는 것이다. 푸드 지니어스 사는 그런 의미에서 진정한 데이터 요리 기업이라고 볼 수 있다.

다. 팩추얼

스마트폰으로 대표되는 모바일 기기를 이용하는 사람들이 주류를 이루고, 각종 다양한 앱 비즈니스 네트워크가 형성되면서 고객을 더 잘 이해하기 위해서는 모바일 기기에서 생성되는 위치 정보와 지리 정보를 활용하여 고객의 동태적 특징을 파악하는 것이 필요하다.

팩추얼(Factual) 사는 위치 기반 정보를 상품화하여 오픈 데이터 플랫폼을 통해 기업 고객에게 제공하는 대표적인 기업이다. 세부적인 지리 정보를 확보한 상태에서 고객의 일정과 이동 패턴을 분석하면 고객이 좋아하는 것과 앞으로의 할 일을 추정하는 맞춤화가 가능해진다. 수많은 앱 개발자에게 API를 통해 인구통계학적 정보(demography)와 그가 처한 맥락적 상황(context), 그리고 선호(preference)하는 정보를 위치에 따라 실시간으로 제공하는 플랫폼을 정비하고 있는 것이다. 민감한 개인 정보 제공 동의는 앱 개발자가 구하고, 팩추얼은 비식별화된 동태 정보에 관한 분석 정보를 제공한다.

팩추얼 사는 위치 기반 정보제공 서비스로 지오펄스 오디언스(Geopulse Audience)와 지오펄스 프록시미티(Geopulse Proximity)를 운영하고 있다. 지오펄스 오디언스는 고객이 위치한 위치/장소

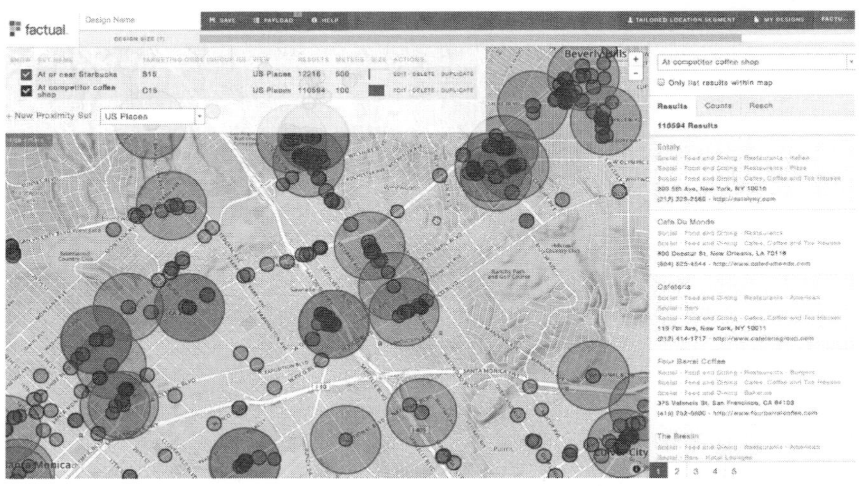

[그림 2-23] 지오펄스 프록시미티 서비스 예시

에 관련한 정보를 토대로 그에 관한 프로파일을 작성한다. 고객의 위치와 이동 정보는 고객의 연령대와 수입, 근무 지역, 취미, 직업 등을 추정할 수 있는 자료로 활용할 수 있다. 지오펄스 프록시미티는 고객의 위치를 중심으로 근접 상권에서 고객에 대한 맞춤형 광고를 가능하게 하는 기술 서비스이다. 모바일 앱 개발자는 팩추얼 사의 지오펄스 API를 사용하여 고객을 깊이 이해할 수 있으며, 효과적인 마케팅을 시행할 수 있다. 고객을 분석하는 일은 팩추얼 사가 담당하고, 사업 그 자체에만 전념하는 것이다.

5. 결론

본 연구에서는 대표적으로 활용되는 카드 거래 데이터에 대해 그 기본적인 개요와 활용 양태를 파악해 보았다. 데이터는 과거부터 존재했었고, 분야마다 활용되고 있었다. 그러나 최근에 회자되는 빅데이터는 단순히 데이터의 크기에 관한 특징만을 말하는 것이 아니라 타 분야로의 활발한 데이터 유통과 융합을 통한 시너지(synergy) 효과 측면에서도 의미가 있다. 데이터의 활용과 융합이 없다면 과거의 데이터 마이닝과 큰 차이점이 없다고 생각한다.

해외의 성공적인 사례를 통해 보듯이, 데이터의 활용은 그 어떤 원자재보다 산업에의 활용 가치가 크다. 무한 반복적으로 재사용이 가능한 데이터를 잘 이용하는 자가 시장을 이해하고 장악하는 승자가 될 것이다.

[참고문헌]

김성현, 장석호, 이상원(2017). 정형 비정형 빅데이터의 융합분석을 위한 소비 트렌드 플랫폼 개발. 디지털융복합연구, 15(6), 133-143.

장석호(2017). 비씨카드 빅데이터 센터의 데이터 활용 사례. 제어로봇시스템학회지, 23(1), 31-36.

함유근(2015). 이것이 빅데이터 기업이다. 서울: 삼성경제연구소.

Owen, S., Anil, R., & Dunning, T. (2012). *Mahout in Action*. NY: Manning.

III 인간 연구 분야 빅데이터 활용 방안

정연주(한국행동과학연구소 연구위원)

1. 인간 연구 분야에서 빅데이터의 활용

가. 빅데이터 활용의 필요성

인터넷의 대중화 이후로 현대인은 매일 엄청난 양의 정보를 접하며 살아가고 있다. 정보의 주요 형태가 문서 또는 아날로그 형태에서 디지털 형태로 바뀌면서 현재에는 상상을 초월할 만큼의 거대하고 다양한 형태의 정보가 시시각각 생성되고 있다. 빅데이터란 말 그대로 데이터의 규모가 몹시 크다는 의미이다. 즉, 빅데이터는 전통적인 데이터 관리도구로는 수집 · 저장 · 관리 · 분석할 수 없는 대용량의 데이터를 의미한다(Manyika et al., 2011). 이처럼

본 논문을 작성함에 있어서 한국행동과학연구소 채현정, 신학경 두 연구원의 도움이 있었음.

빅데이터에는 의료 기록이나 인구 데이터 등 아날로그 형태로 수집되어 왔던 정형화된 데이터는 물론 강의노트, 사진, 비디오 등 정형화되지 않고 다양한 형태로 수집된 거대한 각종 데이터가 모두 포함된다(Chen & Wojcik, 2016).

또한 기존의 데이터와 빅데이터의 차이는 수집 방법 및 기간에서도 나타난다. 이전에는 데이터를 수집하기 위하여 주로 면대면 인터뷰, 직접 관찰, 우편이나 전화를 통한 설문 조사와 같은 방법을 통해야 했으므로 장시간의 자료 수집 기간이 필요했다면 이제는 사물인터넷의 서버나 인터넷 사이트를 통하여 방대한 양의 데이터를 실시간에 가까울 정도로 짧은 시간 안에 수집하는 것이 가능해졌다. 이렇게 수집된 빅데이터는 형식의 다양성과 복잡성, 그리고 거대한 양 때문에 기존의 데이터 클리닝 기법이나 분석 기법을 그대로 적용하기에는 무리가 있다. 이에 따라 기존과는 다른 관점으로 데이터를 분석하고 활용해야 한다.

김용대와 조광현(2013)은 국가나 회사들 사이의 기술 격차가 줄어들수록 경쟁이 심화되며, 이처럼 기술 격차가 줄어들고 있는 상황에서는 아주 작은 새로운 정보라도 큰 영향을 미칠 수 있다고 논설하였다. 또한 다국적 컨설팅 전문 기업인 맥킨지(McKinsey) 사가 2011년에 발표한 보고서에 따르면, 앞으로 기업과 국가가 미래 경쟁력을 갖기 위해서는 빅데이터 처리 기술 및 역량이 필수적이며, 이에 대비하여 기업 및 국가는 빅데이터 전문가 양성에 힘써야 함을 알 수 있다(Manyika et al., 2011). 이와 같은 변화와 맞물려 구글과 같은 유수 기업들과 몇몇 선진국에서는 엄청난 양의 데이터, 즉 빅데이터를 빠르게 분석하여 그 결과를 바탕으로 새로운 가치를 창조해 내기 위해 전문인력을 양성하고, 빅데이터를 기반으로 한 새로운 서비스를 소개하는 등 빅데이터 사용에 많은 관심을 기울이고 있다.

빅데이터를 통한 미래 경쟁력 창출을 가질 수 있는 기회는 데이터 기반 산업 관련 특정 분야에 국한된 기업에만 해당되는 것이 아니며, 인터넷과 스마트폰, 그 외 웹 기반의 전자기기를 사용하는 국가라면 기회가 균등하게 주어진다(이만재, 2011). 그리고 어떤 분야에 어떤 방식으로 빅데이터를 사용하여 유용한 가치를 창출해 내는지에 대해 생각해 보는 것은 미래 경쟁력을 갖추는 데 매우 중요한 일이다. 다시 말해, 빅데이터는 그 자체로 어떤 의미가 있다고 보기는 어려우며, 빅데이터를 분야별 특성에 맞게 분석한 후 일정한 패턴을 발견하고, 이를 적절하게 사용할 때 비로소 가치가 있다고 하겠다.

나. 빅데이터 활용의 효과

그렇다면 빅데이터를 인간행동 연구 분야에 적용해 분석하였을 때는 어떤 가치를 창출할 수 있을까? 인간행동 그 자체에 관심을 두고 빅데이터를 분석하는 것은 기업의 마케팅이나 국가 정책 등을 위해 빅데이터를 분석하는 경우에 비해서는 아직 발전 초기 단계라고 할 수 있다. 따라서 빅데이터를 사용하여 인간행동을 보다 정확히 예측하고, 궁극적으로 인간 삶의 질을 향상시키려는 노력은 큰 의미가 있으리라고 본다. 여기서는 인간행동에 초점을 맞추어 빅데이터를 활용할 때 어떤 기대 효과가 있을지에 대해 알아보고자 한다.

인간행동 연구와 관련하여 빅데이터 사용 시 기대할 수 있는 효과는 의사결정의 적시성과 타당성일 것이다. 지금까지 인간행동 연구에서는 자료 수집 기간이나 비용적 문제 때문에 현재 상황을 반영하는 최신의 데이터를 대규모로 수집하여 연구하는 데에 어려움이 있었고, 표본 집단의 크기가 커지면 미세한 차이도 통계적 유의성을 가지게 되므로 기대하는 검정력과 효과의 크기에 따라 적정 표본 집단의 크기를 결정하였다. 또한 실험 연구의 성격상 다양한 환경에서 다른 집단의 행동을 관찰하는 타당화 연구나 종단적 연구를 통해 인간행동을 이해하고 예측하려는 노력을 해 왔다. 따라서 경험적 연구 결과를 토대로 실제 인간행동을 이해하고 앞으로의 행동을 정확하게 예측하기 위해서 적게는 수년, 많게는 수십 년의 노력이 필요했다. 일례로, 아동기에 학대나 폭력을 당한 경험이 성인이 되었을 때의 문제행동을 어느 정도 예측할 수 있는지를 알아본 「The cycle of violence」(Widom, 1989)는 이 논문이 발표된 이래 수많은 학자에 의해 인용되고 있고, 위덤(Widom)은 30년이 가까운 현재까지도 종단 연구를 계속하고 있다(Widom et al., 2017). 그러나 아직도 아동기의 부정적 경험이 어떻게 성인기의 행동을 예측할 수 있는가에 대해서는 정론화된 것이 없으며, 지금까지 나온 결과들 역시 미국인을 대상으로 한 연구 결과이므로 다른 문화, 다른 민족에게도 같은 결과가 나올지는 알 수 없다.

그러나 인간행동 분야에 빅데이터 분석 기법을 적용한다면, 시시각각 달라지는 변화를 반영하여 신속하게 데이터를 분석할 수 있으므로 현 시대의 연구 결과를 현 시대의 현실 상황에 바로 적용하는 것이 가능할 뿐만 아니라, 정형화된 기록물과 함께 다양한 비정형화된 데이터를 통합하여 해석하는 것이 가능하므로 보다 총체적인 해석을 할 수 있을 것이다. 그럼에도 불구하고 빅데이터는 적절히 통제된 조건하에서 수집되는 자료가 아닌 만큼 잡음이 섞여 있는 부분도 클 것이므로, 어떠한 자료를 수집하여 어떻게 잡음 부분을 제거하고 분석해야 하는가에 대한 고민이 빅데이터 활용에 필수적이다.

2. 빅데이터의 생성과 마이닝 기법

가. 빅데이터의 생성

빅데이터는 셀 수 없이 많은 공급원으로부터 수집되어 분산된 형태의 다양한 정보로 구성된다. UN유럽경제위원회(United Nations Economic Commission for Europe)의 빅데이터 TF 팀은 빅데이터를 자료 생성의 주체에 따라 크게 다음의 세 가지로 분류하였다(Vale, 2013). 첫째, 소셜 네트워크에서 수집되는 데이터로서 개인에 의해 생성되는 것을 말한다. 둘째, 전통적인 경제 시스템을 통하여 수집되는 데이터로서 여기에는 공공기관과 사기업에서 입수되는 데이터가 모두 포함된다. 셋째, 기계에 의해 생성되는 데이터로서 여기에는 사용자에 의해 생성되지만 사용자의 의지와 무관하게 축적되는 인터넷 웹 로그도 해당된다. 이 장에서는 이 세 가지로 빅데이터를 분류하여 각각 어떠한 종류가 있는지 설명하도록 하겠다.

(1) 개인 생성 기록

빅데이터를 얻을 수 있는 첫 번째 경로는 인터넷인데, 그 예로는 공개된 SNS, 블로그, 소셜 미디어로부터 얻을 수 있는 정보, 온라인 검색 정보, 동영상, 휴대전화로 전송한 문자메시지, 개인 사용자가 만드는 지도, 이메일 등이 있다. 개인이 생성한 데이터는 인간 경험의 기록이라고 말할 수 있으며, 이전에는 문서나 예술과 같은 형태로 기록되었던 것이 이제는 디지털화하여 기록되고 있다고 말할 수 있겠다. 따라서 이전의 기록 형태가 글, 그림, 춤, 노래, 설화 등 다양한 모습을 띤 것처럼 디지털 시대의 기록물 역시 글, 사진, 그림, 동영상 등 다양한 형태를 가진다. SNS는 디지털 시대의 가장 대표적인 빅데이터 수집 경로로서, 그중 빅데이터 분석에 가장 많이 활용되는 플랫폼은 페이스북(Facebook)과 트위터(Twitter)라고 할 수 있다.

[그림 3-1]에 제시된 바와 같이 온라인 분석업체 아이디어웨어의 분석 결과에 따르면, 2017년 4월 우리나라에서 스마트폰을 이용하여 페이스북을 사용한 시간은 총 56억 분이었으며, 가장 많이 사용되는 7개의 SNS 앱 사용시간을 모두 합하면 125억 분이었다. 또한 10대와 20대의 페이스북 사용은 압도적이어서 20대의 경우 페이스북 총 사용시간은 23억 분인 것으로 보고되었다(안하늘, 2017. 5. 12.). 개인 정보 보안 문제로 개인이 공공에 공개하도록 설정한 데이터가 아니면 분석할 수 없다는 단점에도 불구하고, 페이스북이나 트위터의 경우 사용자 수가 전 세계적으로 워낙 많고 사용량이 압도적이라는 이유로 많은 SNS 연구에서 이 두 플랫폼을 주로 사용하고 있다.

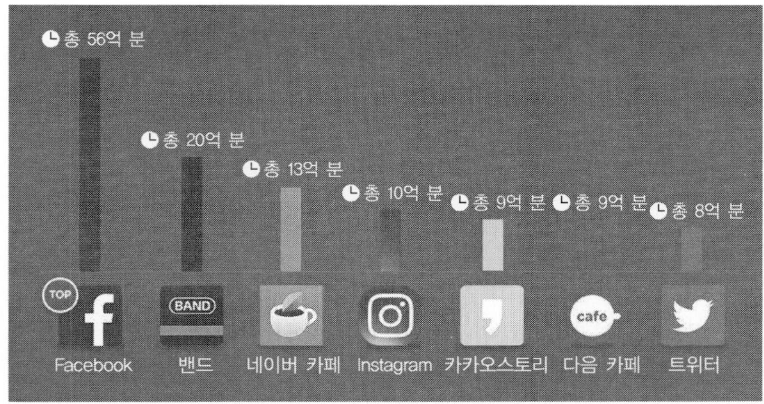

[그림 3-1] 2017년 4월 한국 모바일 SNS 앱 사용시간

출처: 안하늘(2017. 5. 12.).

(2) 기관 생성 기록

빅데이터를 얻을 수 있는 두 번째 경로는 기관이다. 기관에서 업무를 처리하는 과정에서 생성되는 데이터는 빅데이터 시대에 처음 생겨난 것이 아니라 컴퓨터가 존재하지 않았던 과거부터 지금까지 형태의 큰 변화 없이 지속적으로 기록되어 왔다. 따라서 시간에 따른 추이를 보는 연구에도 적합하다. 기관을 통해 얻을 수 있는 데이터는 정부나 공공기관을 통해 얻는 행정 데이터와 사기업을 통해 얻는 데이터로 나눌 수 있다. 먼저, 행정 데이터란 정부나 공공기관이 행정 처리 과정에서 생성한 모든 기록물을 의미한다. 이 외에 정부기관 홈페이지, 포털게시판 및 민원센터의 데이터, 국가 R&D(Research and Development) 제안서, 보고서, 민원과 여론 조사 결과 데이터 등도 추가적으로 생각해 볼 수 있다. 이와 같은 행정 데이터는 국가에서 수집하고 보관하는 정보이므로 다양하고 방대할 뿐만 아니라, 잡음이 제거되고 오차가 적은 비교적 양질의 데이터일 것이라고 생각된다.

사기업을 통해 얻을 수 있는 데이터는 사기업이 이윤을 창출하고 조직을 관리하는 과정에서 생성한 기록물로서 여기에는 금융 거래 자료나 유통업체의 물품 판매 자료와 같은 거래 자료부터 모바일업체의 휴대전화 통화내역이나 사용 요금 기록, 보안업체가 소유한 치안 관련 기록 등 산업별로 다양한 형태의 기록이 모두 포함된다. 사기업이 소유한 데이터는 대부분 기업 내에서 분석되는 경우가 많으며, 기업의 마케팅 전략이나 운영 정책 수립 등 기업활동 전략 수립을 위한 자료로 다양하게 사용된다. 현재 우리나라의 주요 기업들은 이미 자체 빅데이터 센터를 세우는 등 회사가 소유한 빅데이터를 보다 잘 활용할 수 있도록 노력하고 있다.

(3) 기계 생성 기록

다양한 센서와 기계의 양적 · 질적 발전 및 데이터 저장 능력의 발달은 사건의 연속적 기록과 저장을 가능하게 하였다. 기계가 생성하는 기록은 테크놀로지와 스마트 기기의 발달로 인해 폭발적으로 증가하였는데, 여기에는 CCTV, 교통 정보 시스템, 날씨나 미세먼지 센서, 보안 장치, 사물인터넷, 스마트워치, 자동차에 설치된 GPS 등과 같이 수많은 기계에서 끊임없이 송신하는 데이터와 인터넷 플랫폼에 축적되는 로그 데이터 등이 모두 해당된다. 기계가 생성하는 데이터는 개인이나 기관이 생성하는 기록보다 그 크기가 훨씬 방대하며, 내용이 중복되거나 무의미한 정보가 포함될 가능성이 높기 때문에 데이터를 관리하고 처리하는 것이 훨씬 복잡하다.

나. 빅데이터 마이닝 기법

빅데이터에서 의미 있는 정보를 찾기 위해서는 마이닝(mining)이라는 과정이 필요하다. '채굴'이라는 사전적 의미를 가지는 마이닝의 과정을 통해 대용량 데이터베이스에서 규칙, 관계, 경향성 등의 유용하고 의미 있는 정보를 발견할 수 있다. 이를 위한 대표적인 분석 기법으로는 다양한 '마이닝' 방법과 '소셜 분석'이 있으며, 구체적으로는 '데이터 마이닝' '텍스트 마이닝' '오피니언 마이닝' '현실 마이닝' 등이 있다. 다음에서 이러한 분석 기법들을 간략히 소개하겠다.

(1) 데이터 마이닝

데이터 마이닝(data mining)은 대용량의 데이터에서 의미 있고 유용한 정보를 발견하는 과정이며, 데이터에 숨겨진 규칙 · 관계 · 경향성을 발견하여 의사결정에 활용하기 위해 사용된다. 빅데이터가 대두되기 이전부터 대용량 데이터에 대한 데이터 마이닝은 많은 연구에 적용되었고, 정보 통신 기술의 발전으로 인해 정보의 양과 형태가 변화함에 따라 그 활용 범위는 더욱 확대되었다.

Delen(2016)은 데이터 마이닝을 성공적으로 수행하기 위해서는 데이터 마이닝을 분석도구나 기법이 아닌 프로세스로 인식할 필요가 있다고 역설하였다. Statistical Analysis System(SAS) 사에서는 표집(sample), 탐색(explore), 수정(modify), 모형(model), 평가(assess)의 5개의 단계로 이루어진 일련의 프로세스인 SEMMA를 개발하였다. 이 5개의 단계 중 거대한 정보에서 의미 있는 정보를 발견하기 위해 가장 중요한 단계는 모형 단계로서, 이 단계에서는 각각의 문제를 해결하기 위한 최적의 데이터 마이닝 분석 기법을 적용하고 결과를 도출해 낸다(안재준, 2016). 대표적인 데이터 마이닝 분석 기법으로는 항목 간 연관 규칙을 발견하는 연관성 분석, 유사성과 상이성을 기준으로 집단을 분류하는 군집 분석, 의사결정나무 방법 등이 있다.

데이터 마이닝의 분석 기법 중 인간 연구 분야에서 가장 빈번하게 사용되고 있는 의사결정나무(decision tree) 방법을 구체적으로 살펴보면, 이 분석 방법은 데이터의 특성을 파악하고 분류 및 예측을 통해 의사결정에 대한 규칙을 만들기 위해 실시된다. 의사결정나무는 특별한 통계적 가정을 필요로 하지 않으면서 종속변인을 효율적으로 설명하는 예측모형을 구축할 수 있어 여러 연구에서 활용되고 있다. 예를 들면, 송태민, 송주영과 진달래(2014)는 인터넷 중독 관련 위험을 예측하기 위해 인터넷 중독의 폐해 요인과 영향 요인에 대해 의사결정나무 분석을 실시하였다. 의사결정나무 형성을 위한 분석 알고리즘은 CHAID(Chi-squared Automatic Interaction Detection)를 사용하였다. 분석 결과, 폐해 요인의 경우 '불안 요인'과 '유해 요인'이 높을 때, 영향 요인의 경우 '정신건강 요인'과 '친구관계 요인'이 높을 때 각각 위험 예측 영향력이 가장 높은 것으로 나타났다(송태민, 송주영, 진달래, 2014). 이와 같이 의사결정나무는 예측과 분류 문제를 처리할 때 유용하게 사용할 수 있는 데이터 마이닝 방법이다.

(2) 텍스트 마이닝

텍스트 마이닝(text mining)은 자연어로 구성된 텍스트 데이터를 정형화하고, 특징을 추출하기 위한 기술과 추출된 특징으로부터 의미 있는 정보(패턴, 관계 등)를 발견할 수 있도록 하는 기술을 통칭한다(한국정보화진흥원, 2010). 텍스트 마이닝의 기반이 되는 자연어처리(natural language processing) 기술은 사람이 말하는 언어를 통계, 언어학 등을 기반으로 컴퓨터가 분석할 수 있는 형태로 변형하는 것, 또는 이를 다시 사람이 이해할 수 있는 언어로 표현하는 것을 말한다. 텍스트 마이닝의 주요 특징은 분석 대상이 텍스트라는 점이다. 텍스트 마이닝은 글 속에서 숨겨진 정보를 찾아내어 관계성을 파악하고 해당 텍스트의 카테고리를 찾을 수 있다. 이러한 이유로 텍스트 마이닝은 텍스트 분석(text analysis), 문서 마이닝(document mining) 등으로 불리기도 한다.

선거에서 후보의 프로파간다(propaganda)나 평소 생각을 알아보기 위한 방법으로 텍스트 마이닝이 사용될 수 있다. 대선 과정에서 후보의 주장과 의견은 보도 자료나 기사로 텍스트화된다. 또한 여러 번의 후보자 토론을 거치면서 자료는 더욱 축적되고, 후보자가 독점적으로 사용한 단어[1]를 통해 텍스트 마이닝 기법을 적용하면 후보의 평소 생각을 알아낼 수 있다. Krzywinski(2016)는 텍스트 마이닝을 통해 2016년 미국 대통령 선거 후보들의 성향을 분석하였다. [그림 3-2]는 2016년 미국 대선 3차 토론회에서 두 후보의 토론내용을 워드 클라우드로 표현한 것이다. 단어들의 색은 명사,

1) 예를 들어, A 후보가 '투자'라는 단어를 사용한 반면(횟수에 관계 없이), B 후보는 사용하지 않았을 경우에 '투자'는 A 후보의 워드 클라우드에 표현된다.

동사, 형용사, 부사별로 다르게 제시되어 있다. 결과를 살펴보면, 정책의 주요 가치를 '규제와 복지'에 초점을 맞춘 힐러리 클린턴(Hillary Clinton)은 'family' 'hope' 'try' 등을 주로 사용하였고, '탈규제와 시장주의'를 주요 정책 이념으로 정한 도널드 트럼프(Donald Trump)는 'endorsed' 'cities' 'totally' 등을 언급하였다. 이를 통해 후보의 생각이 어떠한 단어로 요약되는지 알 수 있다.

[그림 3-2] 2016 미국 대선 3차 토론 워드 클라우드

출처: Krzywinski (2016).

인간행동 연구 분야에서 피험자의 특정 행동을 분석하기 위해 피험자가 스스로 작성한 글을 분석하는 연구는 과거와 마찬가지로 활발하게 이루어지고 있다. 예를 들어, 강민규(2017)는 자살자의 휴대전화를 통해 자살의 원인을 알 수 있다고 보고하였다. 휴대전화에 있는 다양한 정보 중 글로 저장되어 있는 정보(인터넷 검색어, 메시지, 메신저 앱 등)에 대해 텍스트 마이닝 기법을 적용 · 분석하여 자살을 결정한 다양한 이유를 유추할 수 있다는 것이다. 이러한 빅데이터 분석은 문제행동을 하는 사람이 그러한 행동을 하는 원인에 대한 객관적인 분석이 가능하고, 예방책 및 해결책을 도출하는 데 효과적임을 알 수 있다.

(3) 오피니언 마이닝

웹사이트, 검색엔진, SNS 등에서 특정 대상에 대한 의견 기록을 분석하는 것은 텍스트 마이닝의 한 기법으로 볼 수 있다. 따라서 오피니언 마이닝(opinion mining)에서도 자연어처리 기법을 적용하여 분석을 실시한다. 사람들이 작성한 텍스트를 분석하여 그 사람의 감정을 데이터화하여 수치로 나타내기 때문에 감정 분석(sentiment analysis)으로도 불린다(조성우, 2011). 텍스트를 작성한 사람이 특정 대상에 대해 가지고 있는 태도, 성향, 의견 등이 긍정적인지 부정적인지를 파악한 뒤 그 강도를 확인·분류하여 해당 대상에 대한 사람들의 생각을 예측할 수 있다(강만모, 김상락, 박상무, 2012). 그러나 오피니언 마이닝 절차는 긍정/중립/부정에 대한 선호도를 판별하기 위한 감정사전 제작이 선행되어야 한다. 가치 있는 연구 결과를 산출하기 위해서 신뢰롭고 타당한 검사도구를 제작하고 선정하는 것과 같이, 정확한 오피니언 마이닝을 위해서는 관련 전문가들에 의한 감정사전 제작이 필요하다.

송태민(2015)은 청소년의 우울과 그 위험 요인을 탐색함에 있어 오피니언 마이닝을 통해 연도별·지역별 우울 정도를 분석하였다([그림 3-3] 참조). 청소년들의 우울에 대한 부정적 감정을 살펴보면, 2013년에는 광주광역시가 가장 높고 울산광역시가 가장 낮은 반면, 2014년에는 울산광역시가 가장 높았고 제주도가 가장 낮은 것으로 나타났다. 이러한 결과를 토대로 청소년의 우울 관련 부정 감정에 대한 역학 조사를 실시하여 이러한 행동의 원인을 탐색할

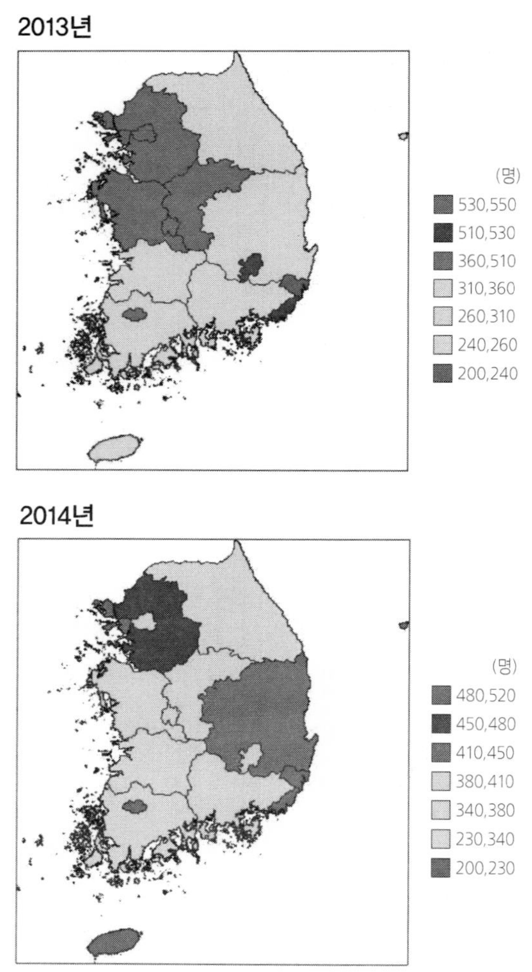

[그림 3-3] 연도 및 지역에 따른 청소년의 우울 관련 부정 감정

출처: 송태민(2015). p. 5.

수 있다. 이와 같이 연구자는 오피니언 마이닝 결과를 통해 피험자의 가공되지 않은 감정을 데이터화하여 연구에 적용할 수 있다.

버즈 분석(buzz analysis)은 오피니언 마이닝의 하위 분석 기법으로 벌이 윙윙거리는 것(buzz)처럼 소비자들이 상품에 대해 자발적으로 이야기를 함으로써 긍정적 입소문을 내는 '버즈 마케팅(buzz marketing)'에서 유래하였다. 버즈 분석은 선거와 같은 특정 주제에 대해 네트워크, SNS 등을 통해 여론을 분석하는 것을 말한다. 이 기법은 기업에서 제품을 출시하고 그에 대한 대중의 반응을 파악할 때 사용될 수 있다.

(4) 현실 마이닝

현실 마이닝(reality mining)은 스마트폰, 스마트 워치 등의 기기를 통해 데이터를 얻어 인간행동을 예측하는 분석 기법이다. 현대사회에서 스마트폰은 사회적 관계를 형성하는 데 중요한 도구이다. 개인이 들고 다니는 스마트폰에는 각 개인의 위치, 통화 기록, 인터넷 사용 패턴 등의 정보가 저장 · 기록되기 때문에 이러한 정보를 통해 개인의 특성을 알아낼 수 있다. 예를 들어, [그림 3-4]의 소시오메트릭 솔루션(Sociometric Solutions) 사의 소시오미터(Sociometer) 장치는 현실 마이닝을 위한 도구로 현재 많은 기업에서 사용하고 있다. 이 장치에 내장된 음성인식, 위치인식 등의 기능을 사용하면 음성에서 파생된 신호와 대면 상호작용, 대화시간, 다른 사람들과의 물리적 근접성, 신체 활동 수준 등을 측정할 수 있다(MIT Media Laboratory, 2011). 이 기기는 특히 사람들 간의 네트워크를 분석할 때 유용하게 사용될 수 있다. 이러한 스마트 기기를 통한 정보는 개인의 의지와 무관하게 측정·축적되므로 개인의 의도가 배제된, 있는 그대로의 개인적 특성을 객관적으로 파악할 수 있다는 장점이 있다. 이처럼 스마트 기기나 사물인터넷의 발달로 현실 마이닝 분석 환경이 조성됨에 따라 수집된 다양한 자료를 통해 개인이나 기업의 의사결정에 중요한 근거로 사용하는 것이 가능하다.

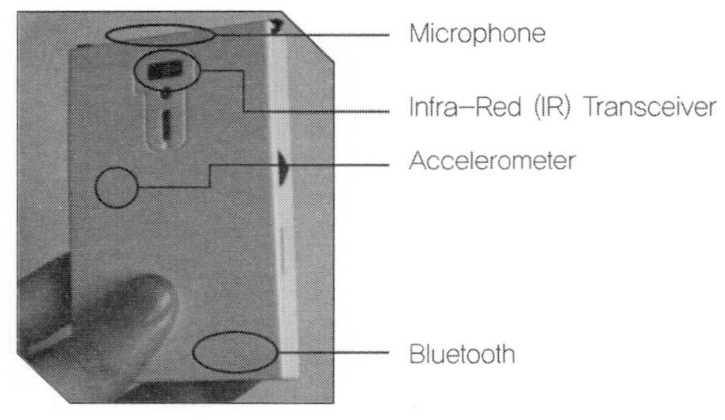

[그림 3-4] 소시오미터 장치

출처: MIT Media Laboratory (2011).

(5) 소셜 분석

소셜 분석(social analytics)은 빅데이터 분석 가운데 가장 활발하게 이루어지는 것으로, 이를 통해 페이스북, 트위터와 같은 소셜 미디어의 데이터를 분석하여 선호도를 파악할 수 있다. 소셜 분석에서는 텍스트 마이닝과 오피니언 마이닝을 사용하여 특정 제품에 대한 선호도를 알 수 있을 뿐만 아니라 신속한 피드백을 통해 오류를 수정할 수 있기 때문에 그에 대한 관심이 늘고 있다(황승구 외, 2013).

소셜 분석으로도 불리는 소셜 네트워크 분석(social network

analysis)은 수학의 그래프 이론에 근거한 분석이다. 이를 통해 사용자 간의 연결구조, 강도 등을 분석하여 특정 사용자의 영향력을 파악할 수 있다. 파워블로거와 같이 영향력이 큰 사용자를 인플루언서(influencer)로 명명하는데, 이들이 소셜 플랫폼 내에서 제공하는 정보는 보다 많은 사람에게 전달되기 때문에 그 파급력이 상당하다. 버즈 마케팅에서는 이러한 인플루언서의 파급력을 이용하여 상품이나 서비스에 대한 긍정적인 의견을 많은 사람에게 퍼트리는 식으로 상품에 대한 광고를 한다. 이미 많은 에이전시에서 각 분야의 인플루언서와 계약하여 특정 마케팅에 적합한 인플루언서를 기업에 소개하고 있다.

소셜 분석에 대한 기업의 요구가 증가함에 따라 이와 관련한 다양한 분석 서비스가 개발되었다. 주요 서비스로는 구글의 구글 트렌드, 네이버의 데이터랩, 솔트룩스의 트루스토리, 다음소프트의 소셜 매트릭스, LG CNS의 ODPia 등이 있다. 이러한 서비스들은 소셜 데이터를 쉽게 수집 · 분석하고, 추가적으로 대상이 쉽게 인지할 수 있도록 시각화하여 정보를 제시하고 있어 기업뿐만 아니라 개인 사용자도 소셜 분석 결과를 쉽게 접할 수 있다.

Youyou, Kosinski와 Stillwell(2015)은 페이스북의 '좋아요'[2] 기록을 통해 성격 유형을 예측하였다([그림 3-5] 참조). 페이스북에 올라온 글에 대해 '좋아요'를 클릭한 개수가 100개가 넘을 때, 즉 페이스북에 기록한 데이터의 수가 충분할 때 컴퓨터는 사람보다 더 정확하게 성격을 예측했고, 특히 Big 5 성격 요인 중 하나인 개

2) 댓글과 함께 사람들과 상호작용할 수 있는 기능으로, 특정 사람의 글에 '좋아요'를 클릭함으로써 그 글에 대한 자신의 의견을 전달할 수 있다.

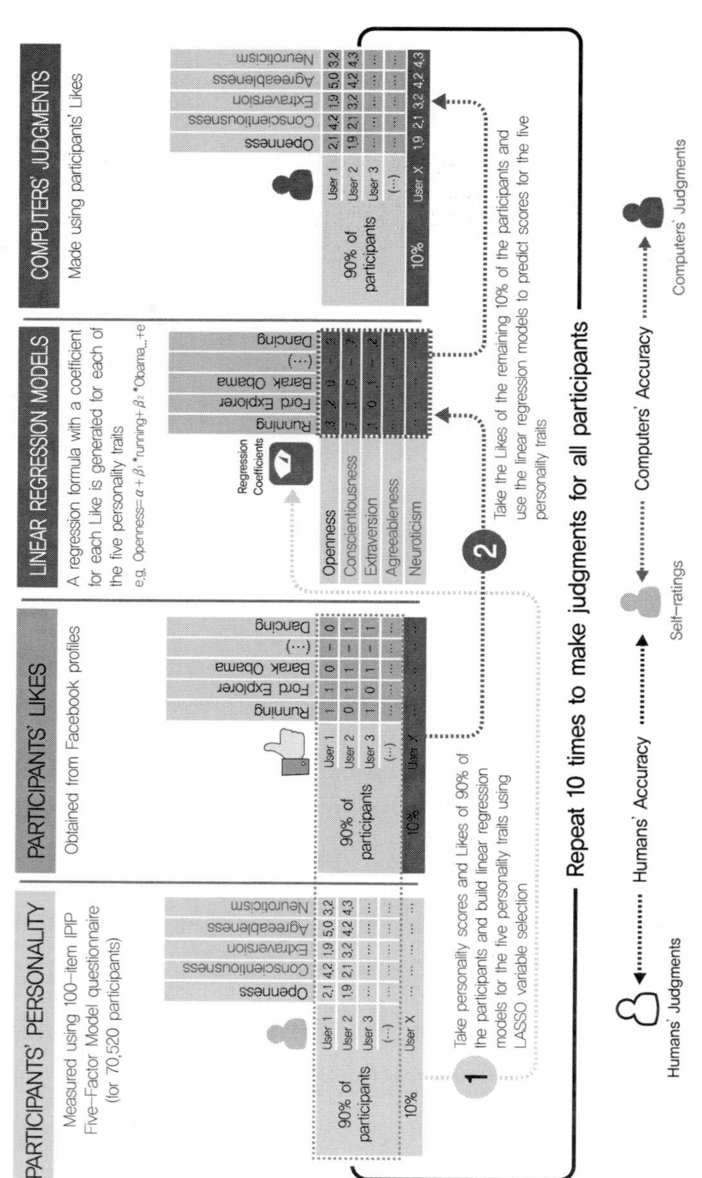

[그림 3-5] 컴퓨터 기반 판단과 자신에 대한 자기-타인 평가의 일치 정도의 방법론

출처: Youyou, Kosinski, & Stillwell (2015). p. 1037.

방성은 그 예측력이 높았다(Youyou, Kosinski, & Stillwell, 2015). Kosinski, Stillwell과 Graepel(2013)은 MyPersonality(페이스북 애플리케이션)를 통해 페이스북 프로파일, '좋아요' 목록, 설문 응답[IPIP(International Personality Item Pool)-Big 5, 지능, 약물 및 마약 사용 여부 등]에 대한 데이터를 수집하여 분석하였다. 개인의 정적인 특성(성별, 인종, 종교 등)은 '좋아요'를 통해 일정 수준 예측이 가능한 반면, 동적인 특성(현재 만나는 사람 등)은 예측력이 상대적으로 낮은 것으로 나타났다. Big 5 성격 요인 중에서는 개방성이 상대적으로 예측력이 높았다(Kosinski, Stillwell, & Graepel, 2013). 개방성의 경우 다양한 관점을 수용하려는 자세와 연결이 되므로 다양한 주제에 '좋아요'를 통해 관심을 표명한 사람일수록 개방성이 높았다는 결과가 두 연구에서 나왔다. 이렇게 소셜 플랫폼의 정형/비정형 데이터를 분석하여 인간행동을 보다 다양한 관점에서 분석하고 예측하는 것이 가능하다.

3. 빅데이터를 통한 인간 연구

지금까지의 인간행동을 예측하기 위한 연구는 가설을 세우고 인과관계가 명확히 밝혀졌을 때 미래의 행동을 예측할 수 있다는 전제하에 실험 연구를 통해 혼재변수(confounding variables)의 영향을 최소화하고, 독립변인을 효과적으로 조작하여 인과관계를 밝히는 데에 주력하였다. 그러나 양적 · 질적 자료 형태가 급격하게 변화하여 이제는 인과관계가 극명하지 않아도 상관관계를 밝히는 것만으로도 알고리즘을 구축하여 미래행동을 예측할 수 있게 되었다.

이전의 실험적 기법은 내적 타당도가 높다 하더라도 과연 어느 정도 외적 타당도가 있을 것인가 하는 문제가 언제나 제기되어 왔다. 즉, 특정 집단을 대상으로, 특정 시기에, 특정 상황에서 연구한 결과를 얼마나 다른 집단, 다른 시기, 다른 상황에 일반화할 수 있는가 하는 문제가 있었기 때문에 한 실험에서 유의한 결과를 얻었다 하더라도 다른 상황, 다른 집단에서도 같은 결과를 얻을 수 있는지를 검증하기 위하여 현실 상황에서 지속적인 타당화 연구가 필요하였다. 그러나 빅데이터를 사용하여 인간행동에 관한 데이터를 분석하면 표본 집단의 크기가 모집단에 가까워짐과 동시에 다양한 집단(예: 문화, 인종, 성별, 연령 등)의 행동을 동시에 관찰하는 것이 가능하기 때문에 이러한 외적 타당성에 대한 고민의 중요성이 작아진다. 특히 인간행동 예측을 목적으로 하는 위험도 분석(risk assessment) 연구나 응용학문 분야에서는 인과관계가 분명하지 않더라도 빅데이터를 사용한 연구를 통해 다양한 변인이 복합적으로 작용하여 미래 행동을 예측할 수 있다는 결론을 도출할 수 있다면 그것으로도 큰 효용성을 가질 것이다. 이 장에서는 빅데이터가 인간의 부정적·긍정적 행동을 예측하는 데 어떤 효용성을 가지고 있는가를 살펴보기 위해 문제행동 예측과 인적 자원 활용에 빅데이터 분석이 어떻게 쓰일 수 있는지에 대해 논하고자 한다.

가. 문제행동 예측

위험도 분석 연구의 최종 목적은 부정적 행동을 보다 더 정확히 예측하여 사회적 차원의 예방을 하는 것이다. 그리고 사회적 차원의 개입이나 예방 프로그램을 계획할 때 가장 중요한 것은, ① 어떤 집단에게, ② 어떠한 방식으로, ③ 어떤 시기에 하는 것이 가장 효과적인가 하는 것이다. 또한 빅데이터를 활용하여 알고리즘을 구축한다면 이러한 사항들을 결정할 때에 큰 도움이 될 것이라고 여겨진다.

(1) 자살 연구

2015년에 발표된 OECD 자료에 따르면, 1990년부터 2013년까지 OECD 국가의 자살률은 감소 추세이며, 1990년에 비해 2013년의 자살률은 헝가리와 핀란드에서는 약 50%, 전체적으로는 30% 정도로 감소하였다. 그러나 우리나라의 경우 자살에 의한 사망자 수는 오히려 증가 추세이며, 2003년 이후 OECD 국가 중 가장 높은 자살률을 기록하고 있다. 특히 20대와 30대 사이에서 자살은 가장 빈번한 사망 원인으로 꼽힌다(OECD, 2015). 이렇게 자살이 우리 사회의 이슈로 대두됨에 따라 그동안 자살 예방을 위한 많은 연구와 정책이 나왔으나, 그럼에도 불구하고 계속 증가하는 자살률을 보면 그 실효성은 미미한 수준이라고 할 수 있다. 따라서 자살 예방을 위한 새로운 방안 마련이 시급하다.

자살 연구의 어려움은 크게 세 가지로 나뉜다. 첫 번째로, 다른 인간행동 연구와 마찬가지로 자살 관련 연구 역시 가장 타당한 연구 방법은 종단적 관찰 연구이겠으나, 사망의 원인이 자살인지 아닌지를 알 수 있기 위해서는 대상자가 사망을 할 때까지 관찰하여야만 하므로 많은 비용과 시간이 든다. 두 번째로, 자살을 예측하는 위험 요인이 이미 알려진 것만 해도 너무나 많으며, 또 광범위하다는 어려움이 있다. 예를 들어, 세계 보건 기구(WHO)에서 발표한 자료를 보면, 자살 위험 요인 중 동적 요인(dynamic factors)에는 생활 스트레스, 상실감, 고독감, 갈등이 있다(WHO, 2017). 그러나 이러한 위험 요인이 어느 정도 수준일 때 자살 위험이 높아지는지, 또는 여러 요인이 복합작용을 일으킬 때에 어느 정도로 위험 수준이 높아지는지에 대해서는 아직 학자들 사이에서 합의점에 이르지 못하고 있다. 따라서 금전적 어려움이나 사랑하는 사람과의 이별, 타인과의 갈등, 고독감과 같은 부정적인 감정에서 완전히 자유로운 사람을 제외하고는 사실상 현대 사회의 모든 사람이 어느 정도 자살 위험이 있다고 기술한 것이나 마찬가지라는 것을 알 수 있다. 세 번째로, 치명적인 증상에 이르지 않는 자살행동이나 자살사고의 경우, 자기 보고를 통하지 않고서는 행동적 관측이 어렵다는 것이다. 자살의 가장 강력한 예측변인이 자살사고나 자살행동 경험이며, 자살을 예측하기 어렵게 만드는 가장 큰 원인 중 하나가 자살 위험 집단이 다른 사람의 도움을 거부하려 하거나 자신의 절망감이나 자살사고를 숨기려고 하는 경향이므로, 자기 보고를 통한 연구의 타당성에는 제한점이 있다. 그럼에도 불구하고 많은 연구에서 자기 보고식 방법을 통한 연구를 하는 이유는, 자기 보고식 연구가 가지는 비용적 · 시간적 장점 때문이다. 그러나 앞서 언급한 단점 외에도 요구특성 효과에서 자유롭지 못하며 왜곡에 민감하다는 일반적인 자기 보고식 연구 방법의 단점 때문에 자기 보고식 연구의 타당성은 논란의 여지가 있다.

만약 다양한 빅데이터 분석을 통해 SNS나 인터넷 블로그에 기록되는 글을 이용할 수 있다면 자기 보고식 방법의 한계를 어느 정도 극복한 새로운 측정도구를 개발할 수 있을 것이라고 생각된다. 설문지와 같은 자기 보고식 방법을 통할 경우, 피검자가 원하지 않는다면 실제로 자살을 생각하고 있다고 할지라도 보고되지 않는 경우가 많다. 그러나 SNS나 인터넷 블로그에 기록되는 글과 같은 경우, 자기 보고이기는 하나 정형화된 질문에 대한 답이 아니며, 자발적인 기술(記述)이므로 보다 솔직하고 여과되지 않은 자기표현을 관찰할 수 있다고 추정할 수 있다.

미국의 한 연구진은 주(州)별로 트위터에 자살 관련 단어 빈도수를 비교하였다. 그 결과, 우울감, 자살사고, 자해, 총기소지, 충동 등 자살 위험 요인을 나타내는 단어를 가장 많이 트윗한 주는 알래스카였다. 또한 자살 관련 트윗의 수와 실제 주별 자살률의 상관은 유의하게 높았다(Jashinsky et al., 2014). 또 다른 미국의 한 연구에서 미국 대학생들을 대상으로 연구한 결과, 약 25%의 학생들이 우울 증세를 나타내는 내용의 글을 페이스북에 올린다고 보고하였다(Moreno et al., 2011). 이러한 결과들을 종합하여 볼 때 페이스북이나 트위터의 글을 토대로 자살 위험 집단을 찾아내어 필요한 치료나 자살 예방교육을 실시한다면 좋은 효과를 기대할 수 있을 것으로 예상된다.

아직 실효성을 검증하는 연구가 이루어지지는 않고 있으나, 실제로 페이스북은 자살이 암시되는 글이나 라이브 비디오를 업로드하는 경우 독자가 신고할 수 있게 하였으며, 신고가 없더라도 알고리즘을 이용하여 댓글을 분석한 후 댓글에 글 작성자를 우려하는 내용이 담긴 경우 해당 글 작성자에게 즉각적으로 자살 위험을 알리고, 전문가와 1대1 상담을 할 수 있도록 하는 서비스를 제공하고 있다. 그러나 직접적으로 자살과 연관된 단어를 사용하지 않거나 댓글이 달리지 않는 경우 여전히 필요한 도움을 제공하기가 어렵다. 만약 빅데이터를 사용하여 간접적으로 자살을 암시하는 단어를 찾아낼 수 있다면 잠재적 자살 위험 집단에게도 도움이 확장될 수 있을 것이다.

일본에서 인터넷 검색어와 자살률 간의 상관관계를 분석한 한 연구에 따르면, 자살에 사용되는 약물들의 검색 횟수가 증가하면 일정 시기 후에 실제 자살률이 증가하였다. 특히 자살 관련 약물의 검색이 가장 급증한 것은 2008년 상반기였는데, 자살률을 보면 2008년 1~11월에는 황화수소에 의한 자살이 1,000건을 넘어 2007년에 비해 약 35배가 급증하였다(Hagihara, Miyazaki, & Abe, 2012).

2013년에 발표한 통계청 자료에 따르면, 우리나라의 경우 역시 약물이나 농약 음독이 가장 빈번하게 사용되는 자살 기도 방법

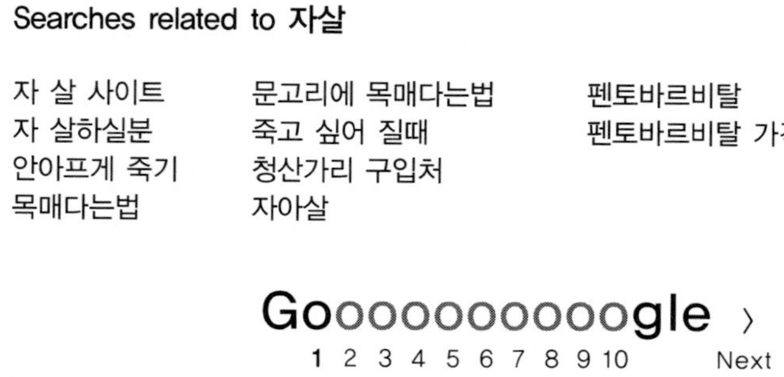

Searches related to **자살**

자 살 사이트	문고리에 목매다는법	펜토바르비탈
자 살하실분	죽고 싶어 질때	펜토바르비탈 가격
안아프게 죽기	청산가리 구입처	
목매다는법	자아살	

Goooooooooogle ›
1 2 3 4 5 6 7 8 9 10 Next

[그림 3-6] 2017년 7월 25일 구글에서 '자살'을 검색하였을 때 나타나는 연관 검색어

출처: Google 홈페이지.

이다. 또한 [그림 3-6]에 제시된 바와 같이 구글에서 한글로 '자살'을 검색할 경우, 제시되는 연관 검색어 역시 약물을 포함하고 있다. 만약 텍스트 마이닝을 통하여 자살이나 자살에 빈번히 사용되는 약물 이름과 관련이 높은 단어들을 찾아낸 후 그 단어들을 함께 포함하여 SNS에 게시되는 글의 내용을 분석한다면 간접적 자살암시 단어를 추출할 수 있을 것으로 보이며, 이 정보를 가지고 자살 시도 가능성이 높은 사람들을 보다 정확하게 탐색할 수 있을 것으로 예상된다.

(2) 범죄 연구

자살뿐 아니라 다른 문제행동을 예측하고 탐지하는 데에도 빅데이터 분석을 통한 정보를 이용할 수 있을 것으로 보인다. 먼저, 범죄 우발 지역을 탐색하고 치안을 강화하여 범죄를 예방하는 목적으로 빅데이터의 사용이 가능하다. 실제로 부산에서는 과거 3년간 성범죄, 아동범죄, 학교 폭력과 같은 중범죄 발생 지역을 분석하여 다양한 범죄 지도를 제공한다(김종표, 2013). 임태섭(2010. 7. 21.)에 의하면, 2010년에 부산지방경찰청에서 관리하는 성범죄 우범자를 대상으로 거주지 조사를 한 결과, 우범자들은 기초생활수급자와 저소득층이 밀집된 지역에 몰려 살고 있는 것으로 나타났다. 저소득층이 밀집된 지역일수록 치안이 허술한 경우가 많아 범죄 발생률이 높다는 것을 감안할 때, 이것은 사회취약계층이 얼마나 성범죄 위험에 노출되어 있는지를 단적으로 보여 주는 예라고 할 수 있다. 따라서 성범죄 전력이 있는 우범자의 생활거주지를 중심으로 치안 강화가 시급하다. 또한 법무부는 2018년부터 지능형 전자발찌를 통해 얻은 생체 정보와 이동경로 등에 대한 빅데이터 분석을 통해 범죄 징후를 파악하는 '지능형 전자감독시스템'을 시범 운영하겠다고 밝혔다(진동영, 2016). 이런 지능형 전자발찌를 통해 얻은 정보를 범죄 지도에 이용한다면 치안의 시급성을 위계화할 수 있을 뿐더러 과거 범행 지역을 보여 주는 수준의 범죄 지도가 아니라 실시간으로 범행 우려 지역이 업데이트 되도록 구현하는 것도 가능하다. 이렇게 빅데이터 분석을 활용한다면 한정된 자원으로 보다 효율적인 범죄 예방을 할 수 있을 것으로 예상된다.

그뿐만 아니라 SNS나 BBS(Bulletin Board System)에 게재된 글을 중심으로 텍스트 마이닝을 하여 범죄 예방에 도움을 줄 수도 있다. 미국의 한 연구진은 여러 가지 범죄 관련 데이터베이스를 통해 115명의 대량 학살범과 71명의 단독범행 테러리스트에 대한 자료를 수집하여 분석하였다. 그 결과, 2005년 이전에 비해 그 후에 범죄자가 범행을 기획하면서 인터넷을 사용하는 경우가 늘어났음을 알 수 있었다(Gill et al., 2016). 이는 인터넷, 특히 구글 사용이 상용화된 것이 불과 20년도 되지 않았다는 것을 감안할 때 어찌 보면 당연한 결과라고 할 수 있다. 현재 정부에서 내놓은 정책들은 과거 범죄 기록이나 우범자들의 기록을 기반으로 한 것이기 때문에 재범 예방에는 효과적이나 범죄 기록이 없는 사람들에 대한 예방은 치안을 강화하는 것 외에는 대책 마련이 어려운 실정이다. 그러나 인터넷을 통하여 배운 폭탄 제조법을 사용하여 범죄를 저지르거나 인터넷 게시판에서 성범죄를 모의하여 범죄를 저지르는 경우가 우리나라에서도 심심치 않게 보고되는 것을 보았을 때 SNS나 BBS의 내용을 분석하여 잠재적 범죄자를 관리할 수 있다면 우범자의 재범 예방뿐 아니라 초범 예방에도 상당한 효과를 거둘 수 있을 것이라고 여겨진다. 특히 개인이 업로드하는 사진이나 그림, 페이스북이나 인스타그램에서 '좋아요'를 누르는 대상의 종류에서 개인의 성격에 대한 추정이 가능하다면(Youyou, Kosinski, & Stillwell, 2015), 이러한 정보 역시 함께 통합하여 폭력적 성향이나 분노 정도를 예측할 수 있고, 이를 바탕으로 범죄 위험이 높은 사람을 변별할 수 있을 것이다.

자율주행자동차 알고리즘 개발에 필요한 문제 상황 분석 기술 역시 범죄 예방에 사용될 수 있다. 자율주행차의 운행 알고리즘을 개발하기 위해 자동차업계는 실제 운전자가 사고 발생 가능성을 인지했을 때의 신체적 반응과 주변의 공간 정보를 통합하여 데이터를 축적, 객관적인 사고 위험 상황뿐 아니라 운전자가 위협적으로 받아들일 수 있는 상황에 대한 정보까지 분석하여 시스템에 도입하려고 하고 있다(Dozza & González, 2013). 이러한 기술을 공공장소의 CCTV에 활용할 수 있다면, 사람이 CCTV를 실시간으로 일일이 감시하지 않아도 치명적 사건 처리 시스템(critical event processing system)을 통하여 잠재적 위험 상황을 자동적으로 관제센터에 알림으로써 적은 인력으로도 효과적인 방범체계를 구축하고, 행인의 긴장 반응을 실시간으로 분석하여 범죄 가능 상황에 경찰이 즉각적으로 대응하도록 할 수 있을 것이다.

(3) 학교 폭력 연구

학교 폭력은 "학교 내외에서 학생을 대상으로 발생한 상해, 폭행, 감금, 협박, 약취 · 유인, 명예훼손 · 모욕, 공갈, 강요 · 강제적인 심

부름 및 성폭력, 따돌림, 사이버 따돌림, 정보 통신망을 이용한 음란 · 폭력 정보 등에 의하여 신체 · 정신 또는 재산상의 피해를 수반하는 행위"(「학교폭력예방 및 대책에 관한 법률」 제2조)로 정의된다. 이 중 사이버 따돌림은 "인터넷, 휴대전화 등 정보 통신 기기를 이용하여 학생들이 특정 학생을 대상으로 지속적 · 반복적으로 심리적 공격을 가하거나 특정 학생과 관련된 개인 정보 또는 허위사실을 유포하여 상대방이 고통을 느끼도록 하는 일체의 행위"(동법 제2조 1의 3)를 말한다. 2016년 방송통신위원회와 한국인터넷진흥원이 발표한 보고서에 따르면, 2015년 1년간 초 · 중 · 고등학생의 17.2%가 사이버 폭력 피해 경험이 있다고 응답했으며, 17.5%가 사이버 폭력 가해 경험이 있다고 응답했다(방송통신위원회, 한국인터넷진흥원, 2016). 이렇듯 사이버 폭력은 심각한 상황이지만 개인 정보 보호의 이유로 피해 상황을 알기가 힘들고, 수법도 교묘해지고 있기 때문에 예방이 쉽지 않은 실정이다. 현재 사이버 폭력 신고 및 예방에 대한 교육이 학교 차원에서 이루어지고 있기는 하지만 이와 더불어 사이버 폭력을 제어할 수 있는 시스템 차원의 방안 마련이 시급하다.

싱가포르의 한 연구진은 페이스북에서의 사이버 폭력이 실제 학교 내에서의 폭력과 통계적으로 유의한 관계가 있다고 밝혀내었다(Kwan & Skoric, 2013). 학교 폭력은 1대1로 이루어지기보다는 다른 학생들이 지켜보는 데서 이루어지는 일이 잦다는 특성이 있다. 이를 고려할 때 사용자의 명성 및 영향력을 측정하고, 입소문의 중심이나 허브 역할을 하는 사용자(influencer)를 찾는 데 활용되는 소셜 네트워크 분석(강만모, 김상락, 박상무, 2012)을 이용한다면 사이버 환경에서 집단 괴롭힘을 주동하거나 반대로 집단 괴롭힘을 저지할 수 있는 영향력을 가진 학생을 변별하여 폭력적 대화의 확대를 막아 학교 폭력 예방에 도움을 줄 수 있을 것이다. 또한 SNS나 카카오톡과 같은 서비스 내에서 폭력적인 어휘를 사용하는 빈도를 측정하여 역치를 넘어설 경우 보호자와 교사에게 알려 조치할 수 있게끔 하는 방법도 가능하다(김영택, 2014).

교내 CCTV가 학교 폭력예방에 어느 정도 긍정적인 효과가 있다고 교원들은 보고했지만(정제영 외, 2015), 현재까지는 실시간 분석을 하는 단계에 이르지 못하고 있어 이미 발생한 범죄에 즉각적으로 대응하는 데에는 한계가 있다. 학교 폭력은 대부분 언어 폭력을 동반한다는 가정하에 CCTV를 설치할 수 없는 교실 내에서는 음성정보를 수집하여 사용하는 방안도 생각해 볼 수 있다. 여러 학생이 어떤 학생에게 심리적 · 신체적 공격을 할 때 학생들 간의 거리나 움직임뿐 아니라 사용되는 단어나 목소리의 크기와 같은 다양한 음성 관련 데이터를 수집하여 분석한 후 CCTV 분석 알고리즘에 반영한다면, 위험 상황에서 교사나 경찰이 보다 신속하게 대응할 수 있을 것이다.

나. 인적 자원 관리

빅데이터는 기업의 선발 · 평가제도에서도 다양한 방면으로 활용될 수 있다. Kiron과 동료들(2012)은 세계 4,500명 이상의 기업 경영자와 관리자를 대상으로 분석 기술의 활용도와 기업의 경쟁성에 대한 조사 연구를 하였다. 그 결과 분석 기술 활용도가 높은 기

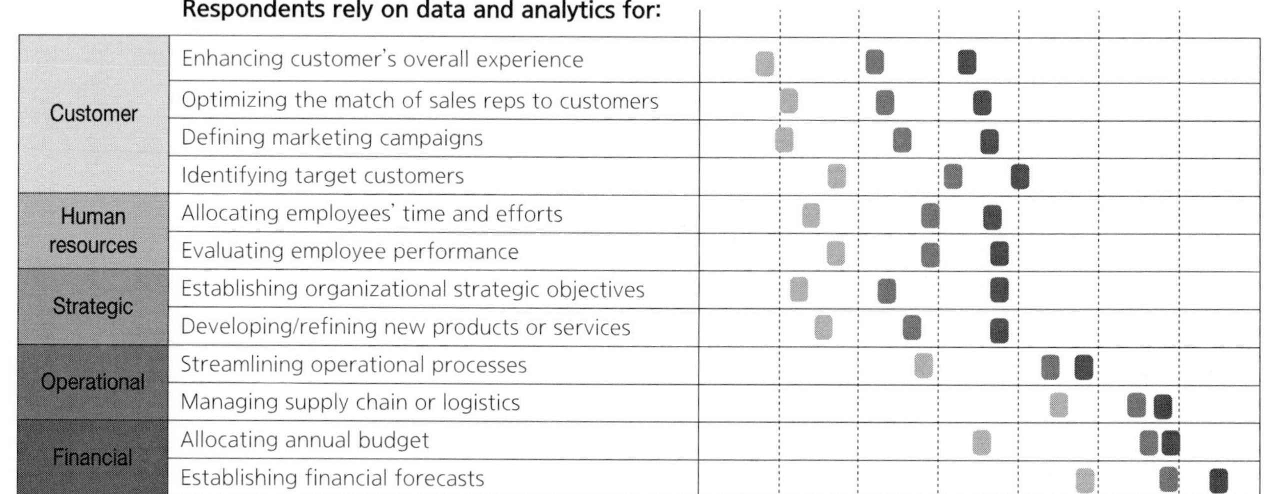

Percentage of respondents who indicated their organization relies on data and analytics to execute these activities. The question choices ranged from 1=Intuition/Experience, 3=Equal parts experience/data to 5=Data/Analytics. Respondents above selected 4 or 5.

Source: The New Intelligent Enterprise, a joint *MIT Sloan Management Review* and IBM Institute of Business Value analytics research partnership. Copyright © Massachusetts Institute of Technology 2011.

[그림 3-7] 분석 기술 활용도가 적은 기업(aspirational), 중간 수준인 기업(experienced), 높은 수준인 기업(transformed)의 분야별 분석 활용 정도

출처: Kiron et al. (2012). p. 6.

업의 경우 1년간 23%의 성장을 보인 반면, 분석 기술의 활용이 초보적인 수준에 머무른 기업은 약 5% 정도 경쟁력이 퇴보하였다고 밝혔다. 또한 분석 기술 활용도가 높은 기업 중 70%가 핵심 전략 수립과 기업 운영에서 분석을 활용하는 것으로 나타났다.

그러나 [그림 3-7]에서 알 수 있듯이, 분석 기술 활용도가 높은 기업들도 분야에 따라 활용 정도에 차이가 있다. 인적 자원 관리 영역의 경우 직원의 시간과 역량에 따라 업무분장을 하고 직원의 성과를 평가하는 부분에 있어서 분석 기술이 활용되고 있으나, 분석 기술 활용도가 높은 기업조차도 그 활용 수준이 60%에 못 미치고 있어 재정 관리나 운영 측면에 비해 활용이 더딘 편이다. 따라서 더욱 다양하게 데이터 분석 기술을 활용하여 인재의 채용과 관리에 보다 빠른 의사결정을 할 수 있다면 기업의 생산성과 효율이 증대될 것으로 기대된다.

(1) 업무적합성 평가

이제까지 기업의 전통적인 채용방식은 자기소개서나 인적성검사를 통해 지원자를 1차로 선별하고 면접으로 최종 합격자를 결정하는 방식이었다. 그런데 자기소개서나 인적성검사를 통한 방식은 지원자가 자신의 장점을 과장하고 단점을 축소하여 보고하는 경우가 많으며, 인사담당자는 단기간에 이러한 서류를 적게는 수백 건, 많게는 만 건이 넘게 검토하고 평가해야 한다. 또한 아무리 객관적인 평가 기준이 있다 하더라도 업무의 성격과 지원자 개개인의 성향이나 선호에 맞추어 사원을 뽑는 것에는 어려움이 있으며, 이는 결국 성과 저하나 높은 이직률로 이어질 수 있다. 그래서 최근 외국의 경우에는 행동 분석 데이터를 채용에 활용하는 기업이 늘고 있다.

파이매트릭스(Pymetrics) 사는 신경심리학과 머신러닝 기법에 기초하여 설계된 게임을 통하여 개인이 어떠한 산업이나 직무에 가장 적합한지를 예측하는 서비스를 제공하는 회사이다. 파이매트릭스 사는 개인이 일련의 게임을 수행하는 과정에서 소요된 시간, 마우스의 움직임, 눈동자의 움직임과 같은 인지행동 정보를 분석하여 그 사람의 조심성 및 충동성 등과 같은 개인의 기질뿐 아니라 타인을 신뢰하는 정도와 같은 사회적 기질에 대해 추측하고, 그것을 토대로 개인의 기질이나 선호에 맞는 산업이나 직무를 지원자에게 알려 주는 한편, 기업에게는 채용하는 직무에 맞는 인재풀을 제공한다(Zarya, 2016). 이 방식은 전통적인 채용방식보다 인사채용 기간과 인력을 단축할 수 있으며, 개인의 성별 · 인종 · 출신학교와 같은 외적인 요인의 영향을 상대적으로 덜 받은 행동 데이터를 기반으로 하기 때문에 보다 객관적일 수 있다. 그러나 이러한 방식의 문제점은 개인의 관점이나 행동 동기에 대한 정보가 간과된다는 것이다.

사회분석 성격이론에 따르면, 성격은 본인의 관점뿐 아니라 다른 사람의 관점에서 설명될 수 있다. 본인의 관점은 다른 사람에게서 인정을 받고 사회적 지위를 얻기 위해 개인이 어떠한 방식을 쓰는지에 따라 정의되며, 개인은 그 관점에 따라 사회에서 행동한다. 타인의 관점이란 타인이 그 사람의 성격을 어떻게 해석하느냐를 보여 주는데, 이는 달리 말하면 '평판'이라고 할 수 있다. 평판은 한 사람이 사회에서 인정을 받고 지위를 획득하기 위해 행한 노력을 다른 사람이 어떻게 평가하는지를 알려 준다(Hogan & Holland, 2003). 예를 들어, 타인에게 책임감 높은 사람으로 비춰지고 싶은 사람은 그러한 평판을 얻기 위해 자신만의 노력을 할 것이다. 그리고 그 노력이 어떤 것이냐에 따라 그 사람은 정말로 책임감이 높다는 평가를 받을 수도 있지만, 과도하게 나선다는 평을 들을 수도, 혹은 말만 앞선다는 평을 들을 수도 있다. 따라서 자기 보고식 평가나 자기소개서에 본인이 '나는 책임감이 높다'고 기술한 것을 그대로 믿을 수는 없는 일이다. 그러나 이러한 본인의 관점 역시 성격의 일부분이며 행동동기의 일부를 구성하므로 이를 전혀 반영하지 않는 것 또한 성격을 온전히 측정하는 것이라고 볼 수 없다. 따라서 행동 데이터에만 의존하여 개인의 업무적합성을 판단하기보다는 자기 보고식 데이터와 행동 데이터를 적절히 혼합하여 활용하는 것이 더욱 효과적인 인사채용방식이 될 것이다.

현재 우리나라의 많은 기업은 인성검사를 채용도구의 일부로 사용하고 있다. 향후 인성검사의 검사 시스템을 플랫폼으로 구축하여 행동 데이터를 수집 · 분석할 수 있다면 각 문항당 응답 소요시간이나 마우스의 움직임에 따라 응답의 타당성을 검증할 수 있을 것이다. 그리고 모든 문항의 가독성이나 단어 수, 난이도 등이 동일하다는 전제하에 어떠한 문항에서 개인이 더 많은 시간을 소요하는지, 답변을 주저하는지에 따라 그 사람의 성격이나 기질을 보다 정확하게 판단할 수 있을 뿐 아니라 그 사람이 다른 사람에게 어떠한 사람으로 보이고 싶은지도 보다 잘 이해할 수 있을 것으로 예상된다.

SNS의 기록이나 BBS의 게시물을 통해서도 성격에 대한 정보를 얻을 수 있으며, 실제로 이러한 기록물은 이미 개인의 성격이나 정직성, 윤리의식에 대한 평가도구로 사용되고 있다. 2017년 미국의 하버드 대학교 입학처는 페이스북에 올린 성적 표현과 인종 차별적인 메시지를 근거로 신입생 10명의 입학 허가를 취소하기로 결정하였다(Heilweil, 2017). 이는 빅데이터를 기반으로 분석한 결과가 아니라 입학사정관이 직접 합격자들에게 대화내용을 공개하도록 요청하여 메시지내용을 살펴보고 결정한 것이었다. 따라서 모든 합격자의 인터넷 기록을 조사한 것이 아니라 입학사정관이 존재 여부를 인지하고 있는 특정 비공개 그룹 내의 대화내용을 토대로 내린 결정이었다. 만약 기업이 개인의 동의를 얻어 SNS나 학교 커뮤니티 BBS와 같은 인터넷 게시판의 기록물을 살펴볼 수 있다면, 지원자 개개인에게서 방대한 데이터를 수집할 수 있을 것이다. 과거에는 하버드 대학교에서 그러하였듯이, 일일이 내용을 살펴보고 결정해야 했기 때문에 지원자가 많을 경우 모든 지원자의 기록물을 살펴보는 것이 불가능에 가까웠지만 이제는 빅데이터 분석을 통해 단시간에 수만 명의 인터넷 활동 기록을 분석하는 것이 가능하며, 이를 바탕으로 신속한 의사결정을 할 수 있다.

최근 독일의 한 연구진은 페이스북이나 기타 SNS에서의 활동과 나르시시즘 간의 상관관계를 메타 분석을 통해 알아보았다(Gnambs & Appel, 2017). 이들의 연구 결과에 따르면, 페이스북 접속 빈도나 사용시간보다 자신의 상태 업로드나 댓글의 빈도, 사진 업로드가 자기과시적인 성향과 더욱 관계가 높았다. 또한 앞에서 언급한 Youyou, Kosinski와 Stillwell(2015)의 연구에서 컴퓨터의 예측 정확성은 성격을 포함한 많은 항목에서 사람의 그것보다 높았다. 특히 약물 사용이나 개인의 가치, 개방성에 대한 예측이 사람보다 높았는데, 이러한 결과는 향후 지필검사뿐 아니라 사람의 고유 영역으로 여겨져 온 면접까지도 빅데이터에 기반을 둔 컴퓨터 분석이 대체할 수 있다는 가능성을 보여 준다.

(2) 조직만족도 조사

숙련된 직원을 조직 내에 계속 유지하는 일은 어느 기업, 어느 직종을 막론하고 중대한 과제이다. 평균적으로 직원 한 사람이 퇴사하고 나서 그 사람을 대체할 수 있는 인력을 채용하여 기존 인력의 업무수행 수준까지 끌어올리는 데 드는 비용은 대략 기존 직원에게 지불되던 급여를 기준으로 평균 연봉의 1/5에 달한다([그림 3-8] 참조). 따라서 기업의 이직률은 기업의 이윤과 직결된다. 퇴사

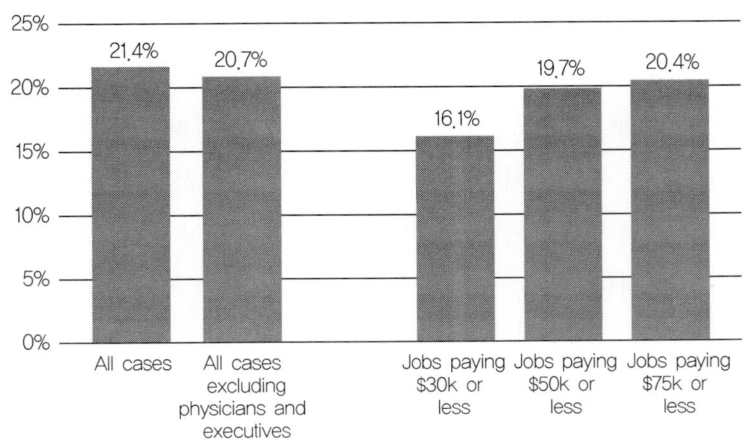

[그림 3-8] 미국 평균 연봉 수준별 이직으로 인한 기업의 비용

출처: Boushey & Glynn (2012).

하는 직원이 많아지면 채용과 신입사원 교육에 투자하는 비용이 커질 뿐 아니라 직원들 간의 응집력이 약해져서 생산성 저하로 이어질 수 있기 때문이다. 벤 웨이버(Ben Waber)는 『구글은 빅데이터를 어떻게 활용했는가』라는 책에서 이렇게 기술했다. "이직률이 높다는 것은 바꿔 말해 회사가 앞으로 회사를 이끌어갈 인재를 싹이 자라기도 전에 잘라 버린다는 뜻이다. …… 따라서 직원의 이직률을 높이는 경영방식은 기업의 중기적인 전망뿐만 아니라 장기적인 전망까지 내팽개치는 것과 마찬가지이다."(Waber, 2015, p. 140)

이직률을 낮추는 가장 좋은 방법은 직무에 맞는 인재를 선발하여 공정한 기회와 보상을 주는 것이다. 그리고 앞서 언급했듯이, 빅데이터를 사용하면 개인의 선호나 역량 수준에 따라 인력을 채용하고, 적재적소에 배치하는 것이 가능하다. 그러나 적재적소에 맞는 인재를 채용·배치하였다고 해서 사원의 이직이 사라지는 것은 아니다. 김명언과 민혜경(1999)의 연구에 따르면, 동종업체에 준하는 임금, 복리후생, 공정한 고과 평가 및 업무 할당 등이 개인이 조직에게 기대하는 조직의무에 해당하며, 이러한 조직의무가 위반되었을 때 개인이 이직을 생각하는 경우가 많았다. 따라서 직원의 이직을 방지할 수 있는 적절한 방법이나 보상 시점에 대한 예측이 필요하다.

빅데이터를 활용하면 이직 가능성이 높은 사람을 파악하고 그들의 이직 위험 요인을 해결하여 이직 위험을 낮출 수 있다. 직원 개개인의 연봉 수준, 성과 점수, 병가 일수, 그 외 근태 기록과 같은 인사 기록뿐 아니라 동료들과의 소통시간, 상사나 동료와의 대화 빈도, 휴식시간의 사용 여부 등을 분석하면 직장 내에서의 개인의 삶의 질에 대한 측정이 가능하며, 이를 바탕으로 이직을 어느 정도 고민하고 있을지에 대한 추측을 할 수 있다. 웨이버는 그의 회사인 소시오메트릭 솔루션 사가 빅데이터를 이용하여 뱅크 오브 아메리카(Bank of America: BoA) 콜센터 직원들의 이직률을 어떻게 낮추었는지를 그의 책에서 자세하게 기술하였다. 이들은 먼저 BoA 콜센터 직원들의 신분증에 행동 패턴을 감지할 수 있는 소시오미터 장치를 달도록 한 후 콜센터 직원들이 어떻게 의사소통하는지, 평균 의사소통시간이 얼마인지에 대한 정보를 수집하였다. 그 후 데이터 결과에 따라 콜센터 직원들의 이직률을 낮추기 위해서는 응집력을 높여 서로 소통하고 스트레스를 낮출 수 있도록 해야 한다는 결론을 내렸다. 이에 따라 교대로 쓰게 되어 있었던 휴식시간을 팀원이 동시에 사용할 수 있도록 조정하였고, 3개월 후 BoA 콜센터 직원들의 이직률은 12%로, 업계 평균(40%)보다 훨씬 낮은 수치를 보였다(Waber, 2015).

SNS나 다양한 인터넷 게시판의 텍스트 마이닝을 통해서도 직원의 만족도에 영향을 끼치는 요인에 대해 알아볼 수 있다. 서운채와 김형중(2016)은 기업 정보를 제공하는 소셜 미디어 플랫폼상에서 사용자의 기록물을 텍스트 마이닝하여 전 · 현직 사원이 기업을 어떻게 평가하는지를 분석하였다. 그 결과 대기업에서는 '경직된 기업문화' '업무와 삶의 불균형' 등의 항목이 주요한 부정적 요인으로 나타났으며, 중소기업에서는 '낮은 연봉' '체계적이지 못한 업무 프로세스' '중간관리자 이상 인력의 역량 부족' 등이 조직만족도를 저해하는 요인으로 나타났다. 이 결과의 시사점은 기업의 이직률을 낮추기 위해서는 직종별, 기업의 규모별로 다양한 방안이 모색

되어야 한다는 것이다. 예를 들어, 대기업의 경우 소통을 증대하고 인력을 보충하여 업무 부담을 줄이려는 노력이 필요할 것이며, 중소기업의 경우에는 업무 시스템을 체계화하고 연봉 수준을 높임으로써 이직률을 낮출 수 있다.

기업의 이직률은 직원이 회사를 어떻게 평가하는지를 알려 주는 지표가 되기 때문에 기업의 의사결정자뿐 아니라 취업을 준비하는 지원자에게도 지원하고 싶은 기업의 역량을 가늠하는 주요한 지표가 된다. 따라서 빅데이터를 통해 직원의 업무적합성과 조직만족도를 높일 수 있다면 장기적으로 기업의 가치를 높일 수 있을 것으로 기대된다.

4. 요약 및 논의

가. 요약

초고속 인터넷망 기술의 발달과 이에 기반한 모바일 스마트 기기의 보급, 소셜 미디어 등의 확산에 힘입어 방대한 양의 데이터가 생성되고 유통되는 양상이 세계적으로 급증하고 있다. 이른바 '빅데이터 시대'가 열린 것이다. 빅데이터는 정형화 데이터는 물론 쉽게 그 형태를 정하기 어려운 비정형 데이터를 모두 포함한다. 그런데 빅데이터는 그것을 어떻게 가공하고 어떻게 활용하느냐에 따라 그 가치가 달라질 수 있다. 본 연구에서는 빅데이터 활용의 효과와 빅데이터의 생성 및 분석 기법에 대하여 간략히 알아보고, 문제행동 예측이나 인적 자원 관리와 같은 인간 연구 분야에서 빅데이터의 활용 가능성에 대하여 살펴보았다. 그 내용을 요약하면 다음과 같다.

① 먼저 자살 관련 연구는 빅데이터가 크게 활용될 수 있는 사회문제 연구 분야 중 하나이다. 대면 인터뷰나 설문 조사와 같은 자기 보고식 방법에 기반한 기존의 자살 위험방지 노력이 아직 큰 실효성이 없기 때문에 정형화된 데이터뿐 아니라 인터넷에서 수집한 비정형화된 데이터를 실시간 분석하여 자살 위험도가 높은 사람을 변별하려는 노력은 그 시도 자체로 큰 의미를 가질 것이다.

② 범죄 관련 연구의 경우, 전자발찌를 통해 수집된 관찰 대상자의 실시간 위치 정보나 행동반경을 이용하여 범죄 지도를 정교화하고, CCTV에서 수집되는 위험 우려 상황을 실시간 분석하여 위험 상황에 보다 신속하게 대처할 수 있도록 조치한다면 범죄 예방에 큰 효과가 있을 것으로 기대된다. 또한 인터넷상의 다양한 개인 기록물을 빅데이터 분석 기법에 의해 좀 더 빠르게 분석·해석한다면 폭발물 제조나 살인청부, 성매매 등 여러 유형의 범죄 모의를 사전에 차단할 수 있을 것이다.

③ 학교 폭력은 인터넷과 스마트폰의 발달로 더 이상 교내에 한정되어 있는 문제가 아니며, 사이버 폭력과 학교내 폭력은 관련이 높다(Kwan & Skoric, 2013). 텍스트 마이닝과 소셜 분석을 이용하여 폭력적 대화가 사이버상에서 어떻게 이루어지는지 살펴보고, 또래

집단에서 영향력을 가지고 있는 학생을 찾아낼 수 있다면, 사이버 폭력을 통제하는 데 도움이 될 것이다. 또한 위험 상황에서 학생들 간의 거리, 음성의 크기, 사용되는 단어 등에 관한 데이터를 분석하여 폭력 대처 알고리즘에 반영한다면 문제 상황에서 교사가 보다 신속하게 대처하도록 도울 수 있다.

④ 인적 자원 관리의 경우, 빅데이터는 인재를 선발하여 개인이 최대한의 역량을 발휘하며 업무 수행을 잘하도록 보조하는 데에도 유용하게 사용될 수 있다. 입사 지원자의 역량을 알아보기 위해 자기소개서나 인적성검사 같은 전통적인 자료 수집방식과 함께 빅데이터를 분석하면 자기 보고식으로 수집된 자료의 단점을 보완할 수 있을 것으로 기대된다. 평소 윤리의식이나 정직성에 대한 평가를 위해 SNS나 인터넷 게시판에 개개인이 기록한 내용을 분석하는 방법도 생각해 볼 수 있다.

⑤ 직원의 이직률을 낮추고 조직만족도를 높이고자 하는 장면에서도 빅데이터를 활용할 수 있다. 연봉 인상이나 승진의 시점을 결정하는 데 빅데이터 분석 자료를 이용하면 이직률 감소에 어느 정도 도움이 될 것이다. 또한 조직원의 행동 데이터를 수집 · 분석하여 휴게시간을 조정하는 등 조직원 간의 응집력을 높이고 소통을 증대하는 방법으로 조직만족도를 제고하는 것이 가능하다.

나. 논의

빅데이터를 활용함에 있어서 유의점이나 한계에 대해서도 주의 깊게 살펴볼 필요가 있다. 여기서는 전문가의 역할과 개인 정보 보호 문제에 한하여 논의하는 것으로 본고를 끝맺고자 한다.

(1) 전문가의 역할

첫째, 빅데이터의 장점 중 하나는 모집단에 근접하는 대규모 데이터를 분석 대상으로 하기 때문에 표집으로 인해 발생하는 오차를 그만큼 감소시킬 수 있다는 것이다. 하지만 인터넷을 통해 수집할 수 있는 빅데이터는 기존의 온라인 사회 조사에서와 마찬가지로 '편의 표집'의 한계를 가지는 경우가 많다. 즉, 인터넷에서 특정 플랫폼에 자발적으로 접속하고 참여하는 사람들에 의한 '자발 표본' 형태를 띨 수 있다(조동기, 2000; 한신갑, 2012). 인터넷을 통해 수집하는 데이터의 경우 플랫폼에서 활발하게 활동하는 사람일수록 더욱 많은 데이터를 양산하기 때문에 데이터 수는 전체 대상 수를 의미하지 않으며(한신갑, 2015), 일정 시간 범위 내에 생성된 데이터를 수집하지만 그 시간 범위 내에서 의견의 변화가 없다고 가정한다(이재현, 2013). 이와 같이 수집 과정에서 표본의 대표성, 표집 단위, 시간적 표집 등 여러 가지 측면에서의 다양한 편파성 문제가 발생 가능하지만, 본래 빅데이터의 특성상 표집 오차에 대한 통계적 검증이 어렵다. 따라서 빅데이터 수집 과정에서 생기는 편이를 최소화하고 유의미한 해석을 하기 위해서는 전문가적 지식과 통찰력이 요구된다.

둘째, 개인이나 기관, 기계가 생성하는 수많은 형태의 빅데이터는 대부분 사전 설계에 따라 생성되는 것이 아니므로 마이닝의 절차를 거치게 된다. 그리고 마이닝 단계에서 가장 중요한 것은 예측하고자 하는 (혹은 예측이 가능한) 행동이 존재하는가, 그 행동을 예측하는 데에 필요한 정보가 무엇인가에 대한 전문가의 깊이 있는 이해와 구체적인 계획이다. 이러한 이해와 계획은 어떤 데이터를 어떻게 마이닝하여 어떤 분석 방법을 적용할지를 결정하는 데 중요한 지표가 된다.

셋째, 빅데이터를 활용하여 미래를 예측하기 위해서는 전문가의 역할이 매우 중요하다. 과거 데이터를 분석하여 도출된 상관관계에 온전히 기대어 미래에도 동일한 패턴이 반복될 것이라고 예상한다면 순효과보다 역효과가 더 클 수도 있다(Chan & Moses, 2016). 예를 들어 범죄 연구의 경우, 범죄 위험이 있는 사람 1명을 찾기 위해 그 사람이 속한 집단에 함께 있는 다른 모든 사람에게 낙인을 찍는 결과를 낳을 수도 있다. 특히 피해자와 가해자가 모두 미성년자인 학교 폭력의 경우에 역효과의 영향은 더욱 클 수밖에 없다. 모든 범죄 예측에 과거의 데이터 분석이 주요한 역할을 하는 것은 아니라는 것을 감안해야 한다. 가령 납치나 테러와 같은 범죄의 경우, 과거 범죄 발생 지역을 토대로 미래의 범죄 발생 가능 지역을 예측하는 데는 한계가 있다. 빅데이터는 현재 상황을 보다 잘 이해하고 미래 행동을 예측하는 데에 분명 많은 기여를 할 수 있으나, 어떤 분야에 빅데이터가 유용하게 쓰일 수 있는지, 어떠한 방식으로 사용하였을 때 빅데이터의 가치가 가장 높아질지를 판단하는 것은 여전히 인간의 몫이다.

(2) 개인 정보 보호

정형 및 비정형화된 다양한 정보가 모두 데이터화되어 하나의 공간에 실시간으로 수집 · 저장될 수 있다면 전반적인 관점에서 분석이 가능하여 보다 정확하게 인간행동을 예측할 수 있겠으나, 여기에는 개인의 권리가 침해될 수 있는 위험이 따른다. 실험 결과를 좀 더 타당하게 도출하기 위하여 피험자의 희생이나 권리 침해를 강요할 수 없듯이, 인간행동을 정확히 예측하기 위하여 개인의 권리를 소홀히 하는 우를 범해서는 안 될 것이다.

일반적으로 분석에 사용되는 데이터를 생성한 주체와 분석한 결과를 활용하게 될 주체가 다를 경우에는 특히 개인 정보 침해에 유의해야 한다. 예를 들어 앞서 언급하였듯이, 인재 선발 과정에 빅데이터를 활용하면 자기 보고식 검사의 단점을 보완할 수 있으나, SNS 기록물이나 인터넷 게시물을 통해 개인의 역량을 검증하려고 한다면 이는 사생활 침해 문제와 직결된다. 그리고 이러한 과정에서 개인의 정치적 · 종교적 성향과 같은 민감한 사적 정보가 공개될 수도 있으므로 이를 방지하기 위한 적절한 조치가 필요하다. 마찬가지로 직원의 업무 역량을 강화하고 업무 환경을 개선하기 위해 소시오미터와 같은 도구를 사용하여 정보를 수집하려면 직원 감시의 목적으로 사용할 수 없도록 하는 제도적 장치가 선행되어야 할 것이다.

사생활 보호에 대한 사회적 합의가 이루어지지 않은 채 빅데이터 기술의 발전만을 도모할 경우 빅데이터를 통해 새로운 지식과 정보를 얻는 대신 인간성 상실의 결과를 낳게 될 우려가 있다. 인간의 존엄성에 대한 인식이 바탕이 되어 개인 정보가 수집 · 분석

될 때 빅데이터는 좀 더 건전한 방향으로 활용될 수 있을 것이다. 사실 개인 정보 보호 문제는 빅데이터 활용에 있어서 항상 상충하는 문제이다. 왜냐하면 빅데이터를 가치 있게 제대로 잘 활용하기 위해서는 개인 정보가 필수적이기 때문이다. 따라서 빅데이터 연구의 활성화를 위해서는 사생활(프라이버시)을 확실히 보장할 수 있는 방안과 함께 개인 정보를 적절히 활용할 수 있는 방안을 모색하는 것이 급선무이다.

빅데이터의 활용은 앞으로 국가와 기업의 경쟁력을 좌우하는 핵심 요소가 될 것으로 예상된다. 이것은 단순히 빅데이터를 활용하는 국가나 기업은 경쟁력을 가지고, 활용하지 못하는 국가나 기업은 도태될 것이란 의미가 아니다. 보다 중요한 것은 궁극적으로 인간의 삶의 질을 높일 수 있는가에 관한 문제이다. 4차 산업 혁명 시대를 맞이하여 빅데이터의 활용이 당면 과제로 부각되고 있는 우리 사회에서 국가와 기업이 빅데이터의 장단점과 한계를 명확히 인식하고, 문제점 극복을 위한 노력과 더불어 올바르게 사용하려는 노력과 의지를 보일 때 비로소 빅데이터의 가치는 크게 발현될 것이다.

[참고문헌]

강만모, 김상락, 박상무(2012). 빅데이터의 분석과 활용. 정보과학회지, 30(6), 25-32.

강민규(2017). 텍스트 마이닝 기법을 활용한 자살 데이터 분석. 연세대학교 정보대학원 석사학위논문.
권대석(2012). 빅데이터 혁명. 경기: 21세기북스.
김명언, 민혜경(1999). 심리적 계약: 계약내용과 계약위반의 부정적 효과. 한국심리학회지: 산업 및 조직, 12(1), 155-180.
김영택(2014). 학교 폭력과 자살사고를 예방하기 위한 감성분석 시스템의 설계. 한국컴퓨터교육학회, 17(6), 115-122.
김용대, 조광현(2013). 빅데이터와 통계학. 한국데이터정보과학회지, 24(5), 959-974.
김종표(2013). 빅데이터를 활용한 부산 범죄예방 시스템. Local Information Magazine, 83, 23-30.
방송통신위원회, 한국인터넷진흥원(2016). 「2015년 사이버 폭력 실태조사」 결과 보고서. http://www.korea.kr/archive/expDocView.do?docId=37171에서 검색. (2016. 2.)
서운채, 김형중(2016). 직무만족도에 영향을 미치는 내부평판요인에 관한 연구: 기업 정보 제공 소셜 미디어 빅데이터를 중심으로. 한국디지털콘텐츠학회 논문지, 17(4), 295-305.
송태민(2015). 소셜 빅데이터를 활용한 우리나라 청소년의 우울 현황과 위험요인 분석. 보건 · 복지 Issue & Focus, 296(10), 1-8.
송태민, 송주영, 진달래(2014). 소셜 빅데이터를 활용한 인터넷 중독 위험예측 모형. 보건사회연구, 34(3), 106-134.
안재준(2016). 데이터 마이닝 소개와 분석 방법. LG CNS 블로그. http://blog.lgcns.com/1268에서 검색. (2016. 11. 28.)
안하늘(2017. 5. 12.). 한국인 月 페이스북 이용 시간 56억분…SNS 시장 장악. 아시아경제.
이만재(2011). 빅데이터와 공공 데이터 활용. Internet and Information Security, 2(2), 47-64.
이재현(2013). 빅데이터와 사회과학. 커뮤니케이션 이론, 9(3), 127-165.
임태섭(2010. 7. 21.). 부전동 · 남부민동, 주민 672명당 1명꼴 '최다'. 부산일보.
정제영, 김성기, 김무영, 이윤희, 선미숙, 이아진(2015). 학교 폭력 관련 정책에 대한 교원의 요구도 분석: "현장중심 학교 폭력 대책"을 중심으로. 한국교원교육연구, 34(1), 231-250.
조동기(2000). 사이버공간과 사회 조사: 온라인 사회 조사의 쟁점과 과제. 조사연구, 1(1), 73-108.
조성우(2011). Big Data 시대의 기술. KT 종합기술원, 5-7.

진동영(2016). 범행 예측 '지능형 전자발찌' 도입한다. 서울경제. http://www.sedaily.com/NewsView/1L2TZD5R2Q에서 검색. (2016. 10. 25.)

「학교폭력예방 및 대책에 관한 법률」 제14762호.

한국정보화진흥원(2010). 모바일 시대를 넘어 AI 시대로. IT&Future Strategy, 2010(7).

한신갑(2012). 혼합식 조사와 웹패널의 (옅은) 빛과 (짙은) 그늘. 조사연구, 13(3), 1-31.

한신갑(2015). 빅데이터와 사회과학하기: 자료 기반의 변화와 분석 전략의 재구상. 한국사회학, 49(2), 161-192.

황승구, 최완, 허성진, 장명길, 이미영, 박종열, 원희선, 김달(2013). 빅데이터 플랫폼 전략. 서울: 전자신문사.

Boushey, H., & Glynn, S. J. (2012). There Are Significant Business Costs to Replacing Employees. *Center for American Progress*. Retrieved from https://www.americanprogress.org/issues/economy/reports/2012/11/16/44464/there-are-significant-business-costs-to-replacing-employees/ (2012. 11. 16.)

Chan, J., & Moses, L. B. (2016). Is Big Data challenging criminology? *Theoretical Criminology, 20*(1), 21-39. doi:10.1177/ 1362480615586614.

Chen, E. E., & Wojcik, S. P. (2016). A practical guide to big data research in psychology. *Psychological Methods, 21*(4), 458. doi:10.1037/met0000111.

Delen, D. (2016). 데이터 마이닝: 데이터를 정보로, 정보를 지식으로 변환 [*Real-World Data Mining: Applied Business Analytics and Decision Making*]. (신동민, 허선 공역). 서울: 시그마프레스. (원저는 2015년에 출판).

Dozza, M., & González, N. P. (2013). Recognising safety critical events: Can automatic video processing improve naturalistic data analyses? *Accident Analysis & Prevention, 60*, 298-304. doi:10.1016/j.aap.2013.02.014.

Gill, P., Horgan, J., Corner, E., & Silver, J. (2016). Indicators of lone actor violent events: The problems of low base rates and long observational periods. *Journal of Threat Assessment and Management, 3*(3-4), 165-173. doi:10.1037/tam0000066.

Gnambs, T., & Appel, M. (2017). Narcissism and social networking behavior: A meta-analysis. *Journal of Personality, 86*(2), 200-212. doi:10.1111/jopy.12305.

Hagihara, A., Miyazaki, S., & Abe, T. (2012). Internet suicide searches and the incidence of suicide in young people in Japan. *European Archives of Psychiatry and Clinical Neuroscience, 262*(1), 39-46. doi:10.1007/s00406- 011-0212-8.

Heilweil, R. (2017). Harvard rescinds admissions to 10 students for offensive memes. *Forbes*. Retrieved from https://www.forbes.com/sites/rebeccaheilweil1/2017/06/05/harvard-rescinds-10-admissions-offer-for-offensive-facebook-memes-ollowing-commencement-speaker-zuckerberg/#111c9ec83dbd. (2017. 6. 5.)

Hogan, J., & Holland, B. (2003). Using theory to evaluate personality and job-performance relations: A socioanalytic perspective. *Journal of Applied Psychology, 88*(1), 100-112. doi:10.1037/0021-9010.88.1.100.

Jashinsky, J., Burton, S. H., Hanson, C. L., West, J., Giraud-Carrier, C., Barnes, M. D., & Argyle, T. (2014). Tracking suicide risk factors through Twitter in the US. *Crisis: The Journal of Crisis Intervention and Suicide Prevention, 35*(1), 51-59. doi:10.1027/0227-5910/a000234.

Kiron, D., Shockley, R., Kruschwitz, N., Finch, G., & Haydock, M. (2012). Analytics: The widening divide. *MIT Sloan Management Review, 53*(2), 6.

Kosinski, M., Stillwell, D., & Graepel, T. (2013). Private traits and attributes are predictable from digital records of human behavior. *PNAS Proceedings of the National Academy of Sciences of The United States of America, 110*(15), 5802-5805.

Krzywinski, M. (2016). Word Analysis of 2016 Presidential Debates-Clinton vs Trump. Retrieved from http://mkweb.bcgsc.ca/debates2016/

Kwan, G. E., & Skoric, M. M. (2013). Facebook bullying: An extension of battles in school. *Computers in Human Behavior, 29*(1), 16-25. doi:10.1016/j.chb.2012.07.014.

Manyika, J., Chui, M., Brown, B., Bughin, J., Dobbs, R., Roxburgh, C., & Byers, A. H. (2011). *Big Data: The Next Frontier for Innovation, Competition and Productivity*. New York: McKinsey & Company.

MIT Media Laboratory. (2011). Sociometric Badges. *MIT Media Laboratory*. Retrieved from http://hd.media.mit.edu/badges/index.html

Moreno, M. A., Jelenchick, L. A., Egan, K. G., Cox, E., Young, H., Gannon,

K. E., & Becker, T. (2011). Feeling bad on Facebook: Depression disclosures by college students on a social networking site. *Depression and Anxiety*, *28*(6), 447-455. doi:10.1002/da.20805.

OECD. (2015). *Health at a Glance 2015: OECD Indicators*. Paris: OECD Publishing. Retrieved from http://dx.doi.org/10.1787/health_glance-2015-en

Vale, S. (2013). Classification of Types of Big Data. *UNECE Statistics Wikis*. Retrieved from https://statswiki.unece.org/display/bigdata/Classification+of+Types+of+Big+Data

Waber, B. (2015). 구글은 빅데이터를 어떻게 활용했는가 [*People Analytics*]. (배충효 역). 서울: 북카라반. (원저는 2013년에 출판).

Widom, C. S., Fisher, J. H., Nagin, D. S., & Piquero, A. R. (2017). A prospective examination of criminal career trajectories in abused and neglected males and females followed up into middle adulthood. *Journal of Quantitative Criminology*, *34*(3), 831-852. doi:10.1007/s10940-017-9356-7.

Widom, C. S. (1989). The cycle of violence. *Science*, *244*(4901), 160-166. doi:10.1126/science.2704995.

World Health Organization(WHO). (2017). Suicide. Retrieved from http://www.who.int/mediacentre/factsheets/fs398/en/

Youyou, W., Kosinski, M., & Stillwell, D. (2015). Computer-based personality judgments are more accurate than those made by humans. *PNAS Proceedings of The National Academy of Sciences of The United States of America*, *112*(4), 1036-1040. doi:10.1073/pnas.1418680112.

Zarya, V. (2016). This Female-Led Startup Says It Knows How to Take the Bias Out of Hiring. *Fortune*. Retrieved from http://fortune.com/2016/08/17/pymetrics-recruitment-women/ (2016. 8. 17.)

IV 빅데이터를 활용한 국가수준 학업 성취도 평가의 주요 이슈 분석

이명애(한국교육과정평가원 선임연구위원)

1. 서론

가. 연구의 필요성

세계 각국은 온라인상에서 공유되고 있는 복잡하고 다양한 빅데이터 활용의 중요성을 인식하고 경제, 사회, 의료 등 사회 전 분야로 그 응용을 확대하려는 노력을 기울이고 있다. 미국의 경우, 구글과 마이크로소프트 등의 민간기업 주도로 빅데이터의 활용이 적극적으로 이루어지고 있으며, 'Big Data Initiative'를 발표하고 공공 서비스를 투명하고 효율적으로 혁신하고자 하였다(Yanchang

본 논문은 최인봉과 동료들(2015)의 「국가 단위 평가의 수요자 중심 정보 활용 서비스 시스템 구축 및 운영–학업성취도 평가 결과 활용 연구 동향 및 시스템 고도화–」 중 일부 내용을 발췌 · 정리한 것임.

Zhao, 2012. 4. 4.; 최인봉, 박도영, 이은경, 2014에서 재인용). 또한 영국 내각은 'Open Data White Paper'를 공표하면서 빅데이터를 사회와 경제 성장의 원동력이 될 수 있는 21세기의 새로운 원자재이며 연료로 정의하였다(Great Britain: Cabinet Office, 2012; 최인봉, 박도영, 이은경, 2014에서 재인용).

최근 들어 우리나라에서도 사회 전 분야에서 빅데이터를 적극적으로 활용하는 세계적인 추세에 따라 빅데이터를 경제와 사회 발전의 원동력이 될 수 있다고 인식하고, 정부 차원에서의 빅데이터 활용을 강조하기 시작하였다. 이에 정부는 '2014년도 정부3.0 추진계획'을 발표하고, 빅데이터의 활용과 관련한 정부 추진 과제의 구체적인 계획을 발표하였다(관계부처 합동, 2014. 1.). 계획의 골자는, 빅데이터를 활용한 과학적 행정 구현을 위해 국정과제 · 대국민 서비스 분야의 빅데이터 활용 모델을 발굴 · 확산하고, 빅데이터의 법적 · 제도적 인프라 및 '국가미래전략센터' 설립을 통한 범정부적 추진체계를 구축하는 것이다. 또한 미래창조과학부와 한국정보화진흥원은 2012년에 '빅데이터 전략센터'(http://kbig.kr)를 설립하고, 빅데이터 분석을 필요로 하는 공공기관, 연구소 등에 빅데이터 분석과 기술적 인프라를 적극적으로 지원하고 있다.

한편, 경기도는 지역 단위 최초로 「빅데이터 활용에 관한 조례」를 공포하고 다양한 형태의 데이터를 활용해 도민에게 정보를 무료로 제공하며, 일자리 창출을 위해 이들 자료를 활용할 수 있도록 하였다(이영규, 2015. 3. 3.). 또한 박근혜 전 대통령은 2015년 5월 11일 강원창조경제혁신센터 출범식에서 "'21세기의 원유'로 비유되는 빅데이터는 창의성으로 고부가 가치와 일자리를 창출하는 창조경제의 신자본"이며, "선진국들도 저성장 시대를 극복하는 전략으로 빅데이터 산업을 키우고 있다"고 빅데이터의 중요성에 대해 언급하였다(손해용, 신용호, 2015. 5. 12.).

이와 같이 정부는 정부의 각 부처와 민간 부문에서의 빅데이터 활용을 적극 권장하고 있지만 교육과 관련한 빅데이터 활용은 아직 미흡한 실정이다. 본 연구에서는 개방형 빅데이터인 소셜 미디어(뉴스, 블로그, 트위터)를 대상으로 '학업성취도' '학업성취도 평가' '국가수준 학업성취도 평가'와 관련된 주요 키워드들에 대한 빅데이터 분석을 통하여 평가 여론 현황 및 이슈를 파악하였다. 이를 통해 교육 분야에서의 빅데이터 활용 가능성을 제시하고, 학업성취도 평가에 대한 긍정적 인식 확산을 위한 기초 자료로 활용하고자 한다.

2. 분석 범위 및 절차

'학업성취도 평가'를 주요 키워드로 선정하여 빅데이터 분석을 진행하는 전체적인 절차를 제시하고 각 절차별로 자세한 내용을 기술하고자 한다. 전체적인 분석 절차는 데이터 수집 설계, 데이터 정제 및 추출, 데이터 분석, 분석 결과 해석의 순으로 진행되었으며, 각 절차별로 수행한 세부내용을 요약하면 [그림 4-1]과 같다.

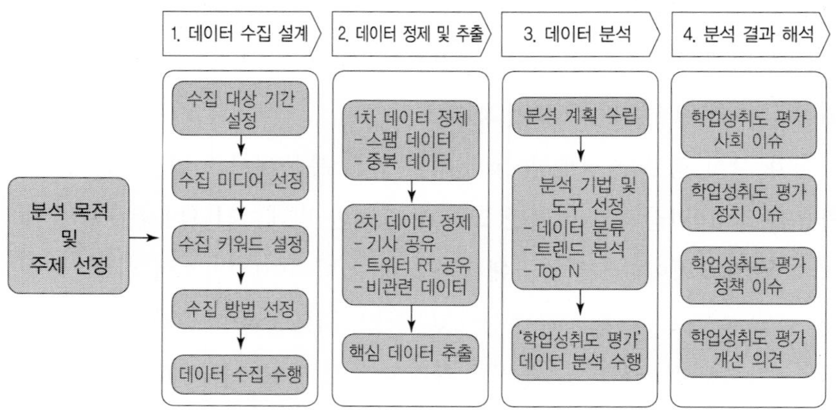

[그림 4-1] '학업성취도 평가' 빅데이터 분석 절차

가. 분석 목적 및 주제 선정

지금까지 학업성취도 평가 관련 연구는 학생들의 학업성취도 평가 결과 및 설문 데이터를 활용한 정형 데이터 분석을 통해 진행되어 왔다. 그러나 학생들의 학업성취도 평가 결과와 설문 데이터만으로는 파악할 수 없는 다양한 정보가 내재해 있을 것으로 예측하고, 본 연구에서는 뉴스, 블로그, 트위터 등에서 수집한 비정형 데이터를 활용하여 빅데이터 분석을 수행하였다. 이를 통해서 그동안 정형화된 데이터에서 파악할 수 없었던 학업성취도 평가와 관련한 다양한 동향과 인식을 분석하고, 시사점을 도출하고자 하였다.

빅데이터 분석을 진행하기 전에, 분석의 방향과 주제를 설정하기 위해 분석을 통해 해결하고자 하는 질문들을 도출하였다. 구체적인 내용은 다음과 같다.

- 학업성취도 평가 방법의 문제점은 무엇인가?
- 학업성취도 평가 방법에 대한 주요 이슈는 무엇인가?
- 학업성취도 평가 취지에 맞는 향후 개선 방향은 무엇인가?
- 학업성취도 평가의 난이도는 적절한가?
- 학업성취도 평가 결과에 영향을 주는 요인에는 어떤 것이 있는가?
- 학업성취도 평가의 신뢰성은 어떠한가?

앞에서 제시한 질문들을 기반으로 다음의 네 가지 분석 주제를 도출하였다.

- 학업성취도 평가에 대한 주요 토픽 및 이슈
- 학업성취도 평가의 문제점 및 개선 방향
- 학업성취도 평가가 공교육과 사교육에 미치는 영향 및 이슈 비교
- 학업성취도 평가에 대한 사회적 · 정치적 · 정책적 이슈 및 여론

학업성취도 평가에 대한 본질적인 이슈와 사회적 · 정치적 · 정책적인 측면에서의 포괄적인 여론을 살펴보고자 최종적으로 다음의 두 가지 주제를 선정하였다.

첫째, 학업성취도 평가의 문제점과 개선 방향을 도출한다.

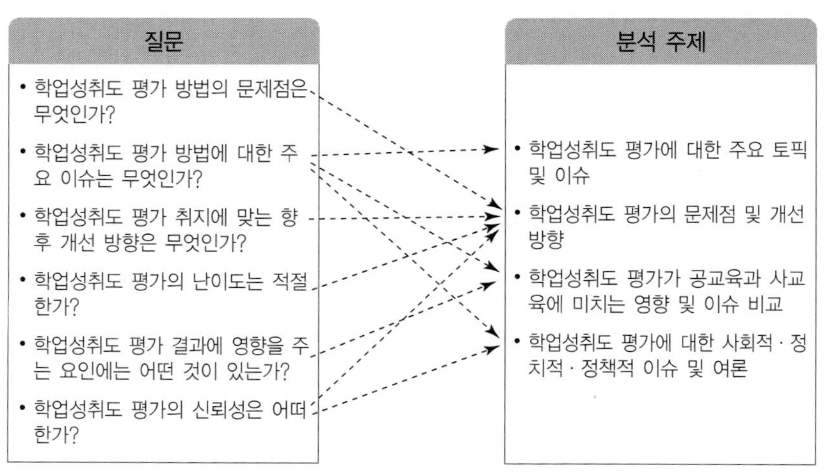

[그림 4-2] 질문 및 분석 주제

둘째, 학업성취도 평가에 대한 사회적 · 정치적 · 정책적 이슈와 여론을 분석한다.

나. 데이터 수집 설계

데이터 수집 설계는 수집 대상 기간 설정, 수집 미디어 선정, 수집 키워드 설정, 수집 방법 선정, 데이터 수집 수행 등으로 추진되었으며, 구체적인 내용은 다음과 같다.

데이터 수집 대상 기간은 2012년 1월에서 2015년 3월까지로 설정하였다. 이는 분석을 위한 충분한 데이터를 확보하기 위하여 최근 3년간의 데이터를 대상으로 한 것이다.

수집 미디어로는 뉴스, 블로그, 트위터의 3개 채널을 대상으로 선정하였다. 이는 학업성취도 관련 여론과 이슈를 파악하기 위해 학생, 학부모 등의 의견을 포함하는 소셜 미디어[블로그(네이트, 다음), 트위터]와 정책적 내용을 분석하기 위해 온라인상에 게재된 뉴스 등을 포함시키고자 한 것이다. 데이터 수집을 위해 선정한 키워드는 '학업성취도' '학업성취도 평가' '국가수준 학업성취도 평가'였다. 데이터 수집은 설계한 수집 대상 데이터 정의를 기반으로 데이터 수집 기술 중의 하나인 O2 Crawler를 활용하여 뉴스, 블로그, 트위터에서 연도별 · 월별로 수집 키워드와 관련된 연관어를 수집하였다.

다. 데이터 정제 및 추출

수집된 데이터는 수집 키워드와 관련이 없거나 불필요한 데이터를 제거하기 위한 데이터 정제 과정을 거쳐야만 한다. 데이터 정제는 1차와 2차로 진행되었으며, 1차 데이터 정제는 자동정제 프로그램을 활용하여 수집 키워드를 기준으로 수집된 데이터에서 스팸데이터와 중복 데이터를 정제하였다. 1차에서 정제된 수집 키워드와 관련된 연관어 통계는 〈표 4-1〉과 같다.

■ 표 4-1 수집 키워드와 관련된 연관어 통계 (건)

채널	2012년	2013년	2014~2015년 3월
뉴스	169	166	180
트위터	159	172	157
블로그	241	266	260

2차 정제 과정에서는 단순히 기사를 공유한 내용, 다른 사람의 트위터를 리트윗(Retweet: RT)한 내용 및 수집 키워드와 관련이 없다고 판단되는 데이터를 수동으로 선별하여 제거하였다. 그리고 학업성취도 평가와 관련이 깊다고 판단되는 용어를 연관어 대상에 포함시키고 최종적으로 분석을 위한 핵심 데이터를 구축하였다.

■ **표 4-2 연관어 및 제외 연관어 예시와 추가 연관어**

연관어	교육과학기술부, PISA, 일제고사, 자존감, 사교육, 혁신학교, 전교조, 교원 평가, 중간고사, 전국학부모회, 학업 흥미, 현장체험, 공교육, 인권조례, 교육격차 등
제외 연관어	전문경력, 로스쿨 출신, 전공만족도, 국가청렴, 공무집행방해, 증가세, 가격상승, 발전 방향, 전년도 학생, 교과서 제작, 병역거부, 무뇌좀비, 현지취업 등
추가 연관어	성취 수준, 우수학력, 보통학력, 기초학력, 기초학력 미달, 향상도, 학교향상도, 향상도 우수학교, 한국교육과정평가원, KICE, 성취 평가, 절대 평가, 기초생활수급, 전원학교, 학력향상형창의경영학교, 학력향상중점학교, 자유학기제, 기초학력보장, 방과후 학교, 동아리, 수준별 수업, 교육프로그램, 교장공모제, 교과교실제

라. 데이터 분석 및 분석 결과 해석

데이터 분석은 정제된 데이터를 대상으로 분석 계획을 수립하고, 분석 기법 및 도구를 선정하여 데이터 분석을 수행하는 과정이다. 이 과정에서는 데이터 분석을 수행하기 전에 정제된 데이터를 대상으로 학업성취도 평가의 본질적인 내용과 관련된 데이터, 사회적 · 정치적 · 정책적 내용과 관련 있는 데이터로 분류한다. 그다음으로 주요 이슈를 분석하고, 본 분석에서 사용되는 분석 방법으로서 동향 분석과 긍정적 · 부정적 인식 분석을 수행한다.

먼저, 동향 분석은 주요 이슈가 발생하는 지점(시기)을 도출하고, 해당 시기에 등장하는 이슈를 분석하여 뉴스와 소셜 미디어에서 어떤 이슈가 주로 언급되는지 핵심 이슈를 분석하는 것이다. 긍정적 · 부정적 인식 분석은 학업성취도 평가에 대한 다양한 여론을 긍정적인 의견과 부정적인 의견으로 분류하여 사용자들의 인식을 파악하는 것이다.

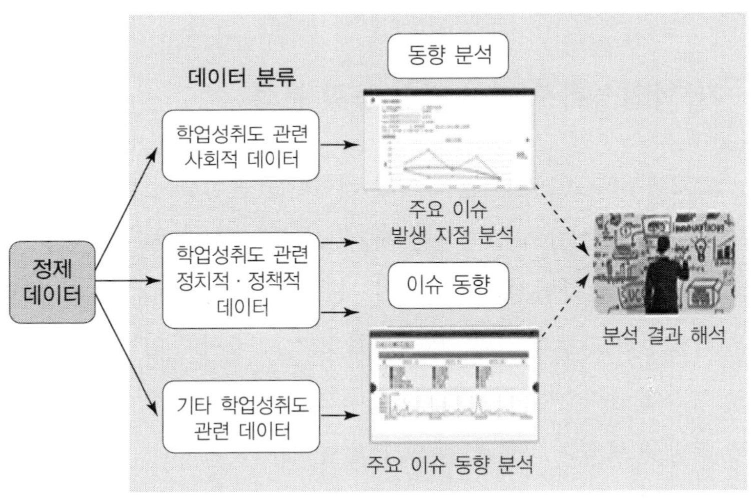

[그림 4-3] 데이터 분석 세부 절차

마지막 단계인 분석 결과 해석에서는 주요 이슈를 분석하고, 동향 분석과 긍정적 · 부정적 인식 분석을 통해 학업성취도 평가에 대한 다양한 여론과 이슈를 도출해 낸다. 이를 기반으로 긍정적인 부분은 더욱 발전시키고 부작용을 최소화하는 방안을 마련하는 등의 주요 시사점과 정책 대안을 제시한다.

3. 분석 결과

'학업성취도 평가'를 키워드로 선정하고 빅데이터 분석을 수행하여 주요 이슈 분석 결과를 기반으로 동향 분석과 긍정적 · 부정적 인식 분석을 수행한 결과는 다음과 같다.

가. 학업성취도 평가 관련 동향 분석

2012년부터 2015년 3월 사이의 데이터를 분석한 결과, 학업성취도 관련 주요 이슈가 발생하는 시기는 주로 6월, 11월과 12월로 나타났다. 6월은 학업성취도 평가가 시행되는 기간이며, 11월과 12월은 학업성취도 평가 결과 발표 및 학교 정보 공시가 있는 기간으로, 이 시기에 온라인상에서의 학업성취도 평가 관련 언급량이 급증하는 경향을 보였다. 6월과 11월, 12월을 제외한 나머지 기간은 상대적으로 언급량이 적었으며, 언급량의 증가와 감소의 변화 없이 일정한 흐름을 유지하고 있음을 확인할 수 있었다. 한편, 학업성취도 평가가 시행되는 6월에는 뉴스보다 트위터에서 많은 언급량이 발생했던 반면, 학업성취도 평가 결과 발표 및 학교 정보 공시가 있는 11월과 12월에는 뉴스에서 학업성취도 평가 결과와 관련한 보도 건수가 증가하면서 트위터보다 상대적으로 많은 언급량이 발생하였다. 각 연도별로 동향 분석 결과를 제시하면 다음과 같다.

(1) 2012년 분석 결과

2012년에 학업성취도 평가와 관련한 주요 이슈 발생 시기는 6월, 11월과 12월로 집계되었다. 특히 6월 트위터에서는 전국학부모회의 성명을 인용하면서 학업성취도 평가는 학교 서열화와 경쟁교육을 부추긴다는 비판 여론이 형성된 것으로 나타났다.

> 국가수준 학업성취도 평가(일제고사)를 반대하는 전국학부모회의 성명이 나왔다. 나는 지금의 일제고사는 안 하는 게 좋다고 본다. 학생들의 기초학력을 높이는 실질적인 효과 없이 평가 결과의 공시에 따른 학교 서열화와 경쟁교육…….
>
> (2012년 6월 트위터, RT 22회)

11월에는 뉴스에서 학업성취도 폐지와 더불어 표집 평가방식으로 전환하는 내용이 이슈가 되었으며, 12월에는 표집방식으로의 전환내용에 대한 비판적 여론과 함께 곽일천 전 서울시 교육감이 학업성취도 평가 시행 거부로 교과부와 충돌한 내용이 주요 이슈가 되었다.

> 곽 전 서울시 교육감은 교육 환경 개선, 학습 능력, 올바른 인성교육이라는 교육의 본질 문제는 밀쳐 놓고 좌파정책을 도입해 혼란과 갈등 … 학업성취도 평가, 교원 평가, 학교 폭력 학생부 기재 같은 시책을 거부하여 교과부와 충돌, 교사 · 학생…….
>
> (2012년 12월 트위터, RT 183회)

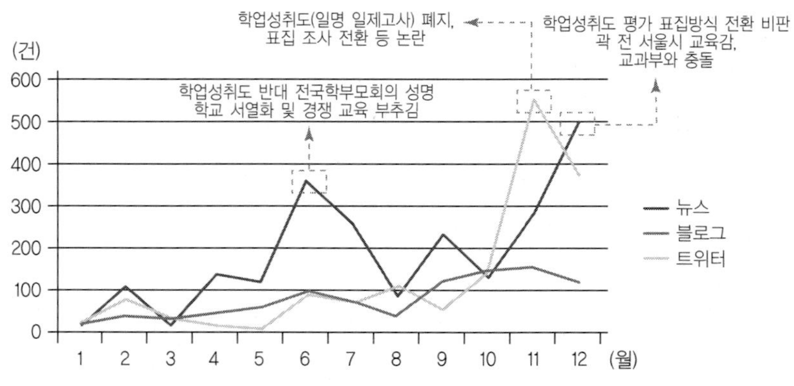

[그림 4-4] 2012년 동향 분석 결과

(2) 2013년 분석 결과

2013년의 주요 이슈 발생 시기는 3월, 6월과 11월로 나타났으며, 3월에는 교육부의 초등학교 학업성취도 평가 폐지와 관련한 뉴스 보도가 증가한 것으로 나타났다.

> 지난 28일 서남수 교육부장관이 업무 보고를 통해 초등학교의 국가수준 학업성취도 평가(일제고사)의 전면 폐지와 관련, 교육계에서 환영의 목소리가 나오고 있다.
>
> (2013년 3월 뉴스, 관련 기사 50건)

6월은 학업성취도 평가 시행 시기로 다양한 내용이 증가하였으나 특별한 이슈는 없었으며, 11월에는 학업성취도 평가 결과 발표와 관련하여 중·고등학교의 기초학력 미달 학생 비율이 5년 만에 증가하였다는 내용이 이슈가 되었다.

> 전국 중 · 고등학교의 기초학력 미달 학생 비율이 5년 만에 소폭 증가했다. 전수조사를 시작한 2008년 이후 처음이다. 교육부는 '2013년 국가수준 학업성취도 평가' 결과, 기초학력 미달 비율이 3.4%로 지난해보다 0.8%포인트 증가했다고 29일 밝혔다.
>
> (2013년 11월 뉴스, 관련 기사 52건)

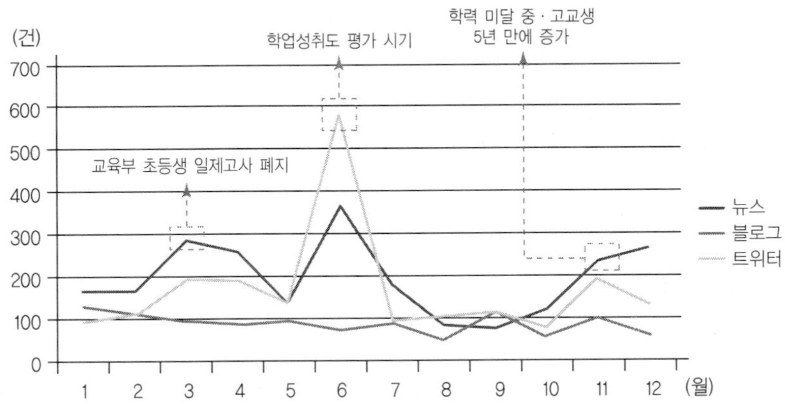

[그림 4-5] 2013년 동향 분석 결과

(3) 2014년 분석 결과

2014년에는 6월에 주요 이슈가 발생하였으며, 학업성취도 평가의 시행과 관련하여 좌파 교육감 정책이 포퓰리즘이라는 비판 여론이 형성되면서 트위터상에서 언급이 증가한 것으로 나타났다.

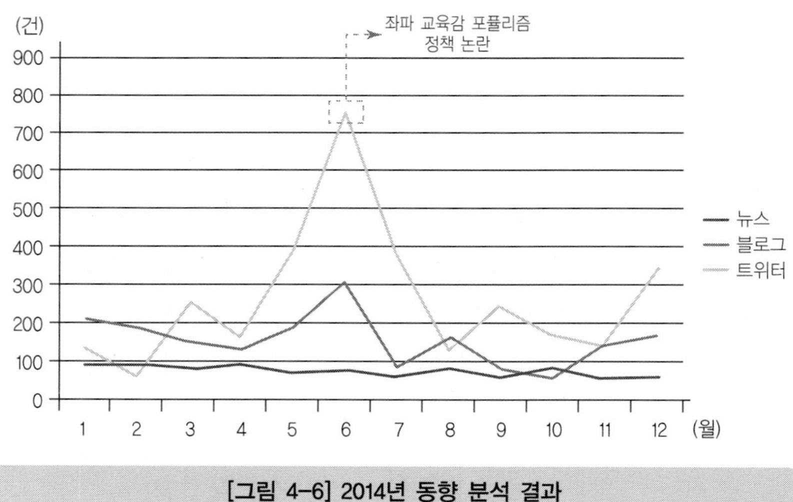

[그림 4-6] 2014년 동향 분석 결과

나. 학업성취도 평가 관련 긍정적 · 부정적 인식 분석

학업성취도 평가에 대한 인식 차이를 조사하기 위해 긍정적 · 부정적인 의견을 분석한 결과, 긍정적 의견의 비율은 8%, 부정적 의견의 비율은 92%로 나타났다. 부정적 의견의 비율이 높게 나타난 이유는 일반적으로 긍정적인 의견보다는 부정적인 의견을 주로 게시한다는 소셜 미디어의 특성과 트위터에서 부정적 의견에 대한 다수의 리트윗이 발생했기 때문으로 판단된다.

긍정적인 의견과 밀접한 관련이 있는 키워드로는 맞춤형 지원, 기초학력 정착, 개별맞춤식 등이 있었으며, 부정 키워드로는 학력 경쟁, 학교 서열화, 성적조작, 체벌, 의미 부족 등이 도출되었다.

각 연도별로 주요 키워드를 긍정과 부정으로 분류하여 제시하면 〈표 4-3〉과 같다.

■ 표 4-3 학업성취도 평가 관련 긍정 · 부정 키워드

연도	긍정 키워드	부정 키워드
2012년	지적 수준, 성적 향상, 맞춤형 지원, 객관성, 공부 의욕, 필요하다	학력경쟁, 지루, 신분 구분, 학교 서열화, 학교 간 경쟁, 성적 조작, 체벌, 학사파행
2013년	향상 효과, 세세하게, 발전, 열심히, 방과후학교, 자랑스러운	0교시, 무의미, 자퇴, 안타깝다, 부작용, 줄 세우기, 망할, 혼남, 시험부담, 과열경쟁
2014~ 2015년 3월	기초학력 정착, 학력신장, 자유학기제, 필요성, 개별맞춤식, 학습권 보장	줄 세우기, 쓸모없는, 경쟁심 확대, 반발, 어이없어, 주입식 공부, 서열화, 학습장애

(1) 긍정적 의견 분석 결과

주요 긍정 키워드는 지적 수준, 맞춤형 지원, 개별맞춤식, 기초학력 정착, 학습권 보장, 학력신장, 방과후학교 등으로 나타났다. 긍정 키워드에 대한 분석 결과를 제시하면 [그림 4-7]과 같다.

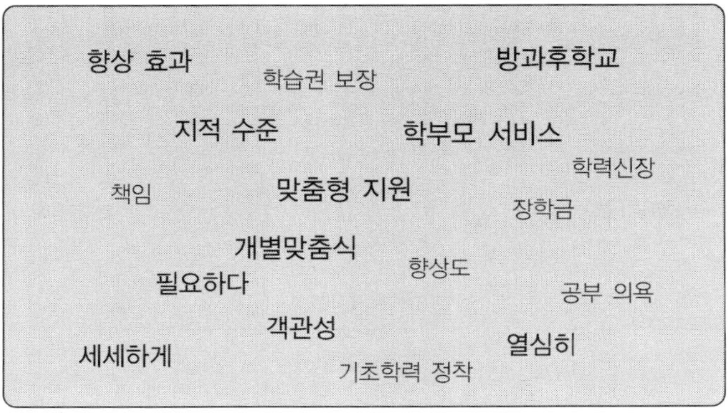

[그림 4-7] 긍정 키워드

긍정 키워드를 기반으로 뉴스, 블로그 및 트위터상에서 언급된 주요 내용을 분석한 결과, 학업성취도 평가를 통한 학생들의 기초학력 정착, 일관성 있는 학생 평가제도의 필요성에 대한 내용이 강조되었음을 확인하였다. 대표적인 뉴스내용은 다음과 같다.

경남교육청 중등교육과 ○○○ 과장은 "학업성취도 평가는 학생 개개인과 학교의 성취 수준을 파악하여 기초학력 정착과 학습결손 보충 자료를 마련하기 위한 것"이며, "나아가 교육 과정을 개선하고, 기초학력 미달 비율이 높은 학교에 대한 행정적 · 재정적인 지원을 위한 자료로 활용하는 등 학생 맞춤형 교육 서비스를 제공하기 위한 평가"라고 강조…….

(뉴스, 2014)

학교 현장에서 "초등학생의 국가수준 학업성취도 평가를 하지 않아 학생들을 지도하고 실력을 평가하기 쉽지 않다는 의견이 제기돼 왔다."고 말했다. … "초등학교에 대한 학업성취도 평가를 통해 초 · 중 · 고로 이어지는 일관성 있는 학생 평가제도가 필요하다."고 주장…….

(뉴스, 2014)

또한 블로그에서는 학업성취도 평가에 대한 긍정적 의견이 특징적으로 나타나지는 않았던 반면, 트위터에서는 배운 내용에 대한 중요 부분 학습, 공부 의욕, 학업성취도를 통한 본인의 취약점 파악 등이 긍정적 의견으로 나타났다. 각 의견에 대한 대표적인 예시를 제시하면 다음과 같다.

> '일제고사 거부' 전교조 또 무더기 징계될 듯. 하지만 이러한 문제점만 잘 개선된다면 학업성취도 평가는 필요한 제도인 것 같다. 시험은 학생들이 받는 교육 과정에서 지금까지 배운 내용 중 중요한 부분으로 모든…….
>
> (트위터)

> 오늘 학업성취도를 보고 공부의욕이 마구 솟구친다! 잃었던 모의고사 감이 돌아오는 듯ㅠㅠ 기다려떵 겨울 방학 땐 절교했던 수학과 친해질까 한다.
>
> (트위터)

> 아무래도 성적이 나오면 꼭 등수가 나오게 된다. 신경을 안 쓴다고 해도 전체 등수 중 자기 등수를 무시하기는 힘들다. 학업성취도 평가의 경우 ○○ 영역별 점수도 함께 나오는데 오히려 그걸 좀 더 세세하게 해서 본인이 어떤 부분에서 취약한지 알려 주는 게 옳다고 생각한다.
>
> (트위터)

(2) 부정적 의견 분석 결과

부정 키워드로는 부정행위, 성적조작, 무한 경쟁, 학교 서열화, 학력경쟁 등이 나타났다. 부정 키워드에 대한 분석 결과를 제시하면 [그림 4-8]과 같다.

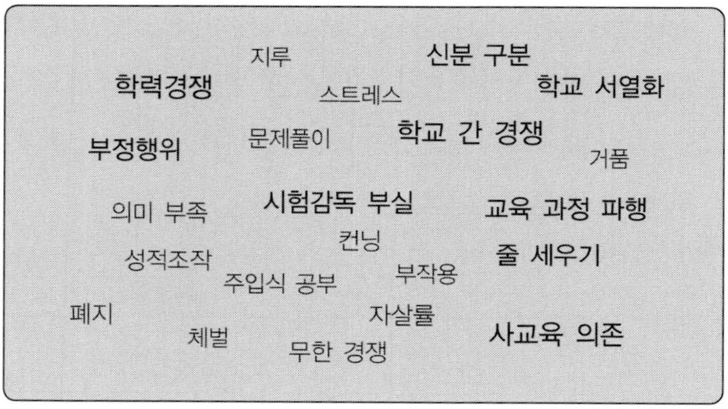

지루 신분 구분
학력경쟁 스트레스 학교 서열화
부정행위 문제풀이 학교 간 경쟁 거품
의미 부족 시험감독 부실 교육 과정 파행
컨닝
성적조작 줄 세우기
주입식 공부 부작용
폐지 자살률
체벌 무한 경쟁 사교육 의존

[그림 4-8] 부정 키워드

뉴스에서 언급된 주요 부정적 의견으로는 부정행위와 성적조작에 대한 내용이 있었으며, 대표적인 뉴스내용은 다음과 같다.

> 학업성취도 평가 부정행위 의혹에 제 식구 감싸기에 급급하던 교육청이 결국 무너졌다. 지난해 6월 치러진 학업성취도 평가 시험 도중 한 중학교 감독교사가 부정행위를 저질렀다는 의혹이 경찰 조사 결과 사실로 밝혀졌기 때문이다.
>
> (뉴스)

> 지난해 10월 치러진 학업성취도 평가에서 사립고등학교 교사들이 학생들의 성적을 조작한 것으로 드러나 충격을 주고 있다. ○○교육청은 지난해 10월 교육과학기술부가 조사를 요청한 도내 모 사립 고등학교 성적조작 의혹에 대해 자체 조사를 실시한 결과, 일부 성적조작 사실이 확인됐다고 2일 밝혔다.
>
> (뉴스)

또한 블로그에서는 과도한 스트레스에 대한 내용이 부정적 의견으로 나타났으며, 트위터에서는 학업성취도 평가로 인한 부작용으로 학교 서열화 및 경쟁교육 등이 주로 언급되었다. 대표적인 내용은 다음과 같다.

> 학업에 대한 과도한 스트레스와 수면 부족으로 인한 주의력 결핍들이 원인이에요. 청소년 학습장애를 그냥 방치해 두면 성적이 떨어져서 좋은 학교에 진학하는 게 불가능하거나 학업을 중도에 포기하는 것이 가장 큰 문제이구요.
>
> (블로그)

국가수준 학업성취도 평가(일제고사)를 반대하는 전국학부모회의 성명이 나왔다. 나는 지금의 일제고사는 안 하는 게 좋다고 본다. 학생들의 기초학력을 높이는 실질적인 효과 없이 평가 결과의 공시에 따른 학교 서열화와 경쟁교육 …….

(트위터)

4. 시사점

개방형 빅데이터인 소셜 미디어(뉴스, 블로그, 트위터)를 대상으로, '학업성취도 평가'와 관련된 주요 이슈들에 대한 빅데이터 분석을 진행하였다. 이를 통하여 정형화된 데이터 분석에서 도출하기 어려운 교육적 이슈와 시사점을 도출하고자 하였다. 2012년 1월~2015년 3월까지의 뉴스, 블로그, 트위터상의 데이터를 수집하고 동향 분석, 긍정적 · 부정적 인식 분석을 수행하고 학업성취도 포커스를 통해 서비스를 제공하였다.

분석 결과를 요약하면, 학업성취도 평가에 대한 긍정적인 의견으로는 학생들의 기초학력 정착, 성취 수준 파악을 통한 맞춤형 지원이 도출되었으며, 일관성 있는 평가와 학생 개인의 수준을 파악하기 위해서는 학업성취도 평가가 필요하다는 의견이 나타났다. 한편, 부정적인 의견으로는 학업성취도 평가에 대한 과도한 스트레스 및 부정행위, 학교 간 경쟁으로 인한 부작용 발생 등이 도출되었다.

본 연구에서 수행한 빅데이터 분석은 교육 분야에서의 빅데이터 활용 연구 가능성을 제시하였다는 점에서 의의를 가지며, 본 연구 결과를 토대로 주요 시사점을 제시하면 다음과 같다.

가. 학업성취도 평가의 순기능 강화

학업성취도 평가가 전수 평가로 전환된 이후, 정부에서는 학업성취도 평가 결과를 활용하여 우리나라 학생들의 기초학력 보장을 위해 많은 정책적 노력을 기울여 왔다. 또한 학교의 교수·학습 개선을 위해 보정 교육 확보를 위한 평가 시기의 조정 및 교과 내에서의 강약점 파악을 위한 평가 결과표 개선 등의 노력이 추진되었다. 본 연구의 빅데이터 분석을 통해 도출된 결과에서도 학업성취도 평가에 대한 긍정적인 의견이 학생들의 기초학력 향상, 학업성취도 평가를 통한 본인의 취약점 파악 등으로 나타나 학업성취도 평가 결과의 활용 측면이 많이 강조되고 있음을 확인할 수 있다. (그러나 여전히 학업성취도 평가 결과를 학교 현장에서의 교수·학습 개선에 직접적으로 활용하지는 못하고 있는 실정이다.) 따라서 학업성취도 평가가 교육정책 수립뿐만 아니라 우리나라 학생들의 학습역량을 증진시키는 데 중요한 역할을 할 수 있도록 교수·학습적 순기능을 강화하기 위한 정책 마련이 필요하다.

나. 학업성취도 평가의 순기능 홍보 강화를 통한 긍정적 인식 확산

학업성취도 평가가 전수 평가로 전환된 이후 지나친 과열 경쟁, 학교 서열화 등의 교육적 부작용을 염려하는 많은 논의가 있었다. 이에 정부는 학업성취도 평가 결과를 활용하여 학생들의 기초학력을 증진하기 위해 다양한 교육정책을 수립하고 실행함으로써 긍정적인 인식으로 전환하기 위한 많은 노력을 하였다.

그러나 본 연구에서의 빅데이터 분석 결과를 살펴보면, 여전히 학업성취도 평가 결과를 올리기 위한 부정행위, 과도한 경쟁으로 인한 학생들의 스트레스 등의 부작용이 있는 것으로 나타났다. 이러한 부작용은 학업성취도 평가 시행의 본래 목적에도 부정적인 영향을 초래할 뿐만 아니라 교육정책의 수립 및 추진 과정에서도 부정적인 영향을 끼칠 가능성이 많다. 따라서 긍정적인 부분은 더욱 발전시키고 부작용을 최소화하는 홍보 방안을 마련할 필요가 있다. 즉, 교육정책 수립 · 추진을 통한 학교교육 개선으로의 환류 성과 및 교수 · 학습 개선에 중요한 정보 제공 등과 같은 학업성취도 평가에 대한 순기능 효과를 최대한 홍보하는 전략을 세워 긍정적인 인식을 확산시킬 필요가 있다.

다. 빅데이터 활용의 극대화 추진

최근 정부에서 공공 분야에서의 빅데이터를 활용한 정책 수립을 강조(관계부처 합동, 2014)하고 있는 데 반하여 교육 분야에서의 빅데이터 활용 사례는 미흡한 실정이다. 본 연구에서는 빅데이터 분석을 통해 학업성취도 평가에 대한 실제적인 여론을 분석하였으며, 학업성취도 평가에 대한 부작용을 최소화하고 긍정적 인식으로의 전환을 위한 기초 정보를 제공하였다는 점에서 의의가 있다. 더 나아가 교육 분야에서의 빅데이터 활용 가능성을 제시하였다는 점에서 시사하는 바가 크다.

본 연구 결과에 따르면, 학업성취도 평가에 대한 긍정적인 인식은 학생들의 기초학력 정착, 성취 수준 파악을 통한 맞춤형 지원 및 학업성취도 평가의 필요성에 대한 것이었으며, 부정적인 인식은 학업성취도 평가에 대한 과도한 스트레스 및 부정행위, 학교 간 경쟁으로 인한 부작용 발생 등이었다. 이와 같이 빅데이터를 활용한 분석을 통해 정부의 교육정책 수립 및 추진 과정에서의 다양한 이슈와 인식을 파악함으로써 보다 실효성 있는 정책으로서 그 역할을 다할 수 있을 것이다. 따라서 교육정책을 수립하고 추진하는 과정에서 빅데이터를 활용한 분석 결과를 반영할 수 있는 행정적인 장치가 시급하다.

[참 고 문 헌]

관계부처 합동(2014. 1.). 2014년도 정부3.0 추진계획.

손해용, 신용호(2015. 5. 12.). '빅데이터'라면 이젠 강원도. 중앙일보.

이영규(2015. 3. 3.). 전국 최초 경기도 '빅데이터' 조례 어떤 내용 담았나? 아시아경제.

최인봉, 박도영, 이은경(2014). 국가 단위 평가의 수요자 중심 정보 활용 서비스 시스템 구축 및 운영-시스템 개선 및 고도화 방안 수립-(연구보고 RRE 2014-10). 서울: 한국교육과정평가원.

최인봉, 이채희, 이은경, 박병기(2015). 국가 단위 평가의 수요자 중심 정보 활용 서비스 시스템 구축 및 운영-학업성취도 평가 결과 활용 연구 동향 및 시스템 고도화-(연구보고 RRE 2015-3). 서울: 한국교육과정평가원.

Great Britain: Cabinet Office. (2012). *Open data white paper: Unleashing the potential*. London: The Stationery Office.

Yanchang Zhao. (2012. 4. 4.). Obama administration unveiled a Big Data Research and Development Initiative with $200 million. https://rdatamining.wordpress.com/2012/04/04/obama-administration-unveiled-a-big-data-research-and-development-initiative-with-200-million/

V »» 빅데이터 플랫폼과 데이터 서비타이제이션

김수경(한밭대학교 컴퓨터공학과 교수)

1. 서론

빅데이터 플랫폼(big data platform)과 데이터 서비타이제이션에 대한 이해를 높이기 위해서는 기록(recording), 즉 데이터에 대한 고찰이 우선되어야 한다. 인류의 탄생과 함께 시작한 기록의 역사는 인간의 삶이 다양해지고 복잡해질수록 기록의 양이 폭발적으로 증가하였으며, 동시에 기록의 형태와 방법도 인류 문화 · 문명의 발전과 변화에 따라 다양성과 복잡성이 증가하였다. 또한 기록을 야기하는 요인들은 인류 삶의 곳곳에서 발생하였고, 인류는 이를 기록하고 남길(저장) 수 있는 방법들을 개발하고 발전시켰다.

인간을 정의하는 특성들은 현대에 와서 더욱 다양하게 발현되고 있으며, 시간과 공간, 그리고 온라인과 오프라인의 경계 없이 인간의 특성을 규정할 수 있게 되었다. [그림 5-1]은 인간을 정의하는 다양한 특성을 도식화한 것으로 인류의 새로운 진화적 특성으로 호모모빌리쿠스(Homo Mobilicus), 호모디지쿠스(Homo Digicus)나 호모서치엔스(Homo Searchiens) 등과 같은 새로운 특성이 나타나고 있다.

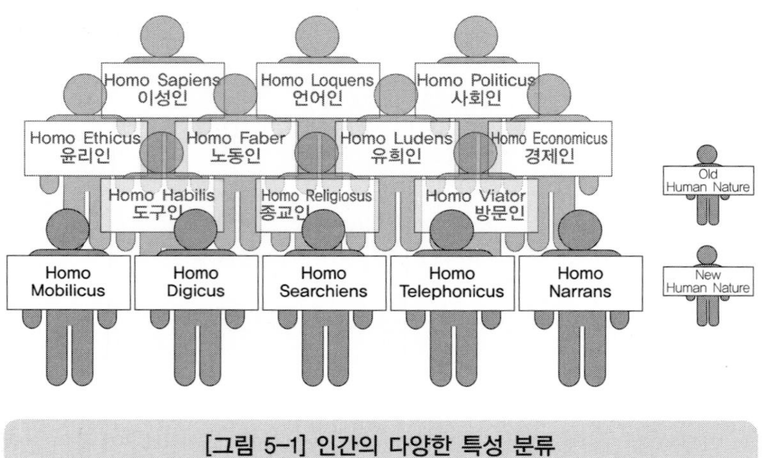

[그림 5-1] 인간의 다양한 특성 분류

새롭게 발현된 인간의 다양한 특성([그림 5-1] 참조)은 인류에 큰 영향을 끼친 기술의 개발([그림 5-2] 참조)과 밀접한 관련이 있다. 특히 1950년대 이후 컴퓨터 기술과 통신 기술의 급격한 발전은 2000년대의 모바일통신 기술의 발전, 2010년대 데이터의 폭발적 증가에 따른 빅데이터 기술, 그리고 딥러닝(Deep Learning)과 같은 인공지능(Artificial Intelligence: AI) 기술에 의해 4차 산업 혁명(4th Industrial Revolution)이라는 패러다임이 발현되었고, 미래 인류사회의 변화에 적극적으로 대처하기 위한 다양한 연구가 진행되고 있다.

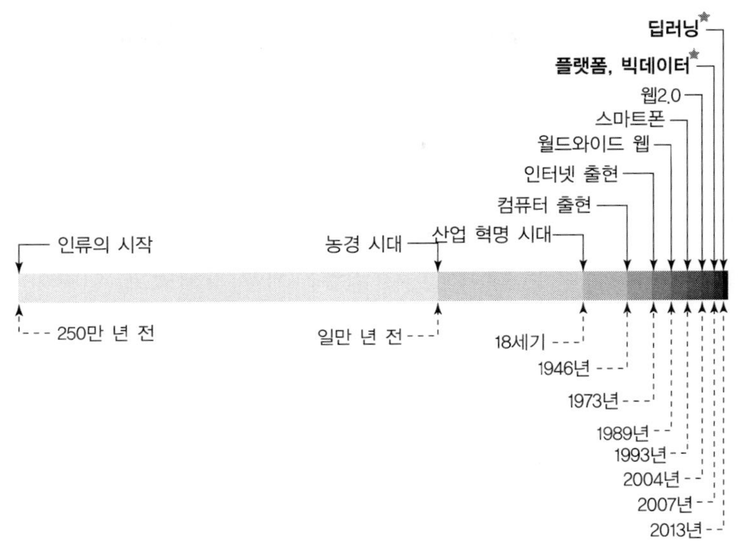

[그림 5-2] 인류의 출현부터 혁신적 기술 출현 시기

[그림 5-2]에서 알 수 있듯이, 1946년 컴퓨터가 출현한 이후 인류의 삶에 큰 영향을 끼치는 기술들의 발표 시기는 그 이전의 것들에 비해 매우 빠른 속도로 진행되고 있고, 이는 미래 인간의 삶의 변화 또한 매우 빠르게 진행될 수 있다는 것을 의미한다. 대략 2006~2007년에 대두된 빅데이터와 플랫폼 기술은 인공지능 기술과 함께 인간 삶의 변화와 발전에 매우 많은 영향을 주고 있다.

2016년 알파고[Alpha Go: 구글 딥마인드(Google DeepMind)가 개발한 인공지능 컴퓨터 바둑 프로그램]와 이세돌의 바둑 대결에서 알파고의 승리는 인공지능 기술 중 하나인 딥러닝 기술에 대한 큰 관심을 일으켰으며, 일부에서는 딥러닝 기술만 있으면 인류 생활의 많은 것이 로봇으로 대체될 것이라는 우려를 보이기도 하였다. 그러나 알파고와 같은 기술은 그 이전에 기보(碁譜: 한 판의 바둑을 두어 나간 기록)와 착점(着點: 바둑에서 착수한 돌의 지점)이라는 기록이 없었다면 불가능한 기술이라 할 수 있다.

예전의 기보 정보는 [그림 5-3]의 (a)와 같이 신문 한 켠에 실려 쉽게 유실될 수 있었다. 그러나 컴퓨터 기술의 발전은 [그림 5-3]의 (b)와 같이 기보 데이터로서 컴퓨터에 저장되었고, 이같이 디지털화된 기보 기록은 알파고에서 사용된 인공지능 심층신경망(Deep Learning Neural Network)과 몬테카를로 트리 탐색(Monte Carlo Tree Search) 기법을 결합한 알고리즘에 3천만 건 이상을 입력하여 경험 데이터로서 학습하였다. 즉, 알파고가 이 알고리즘을 이용하여 기보 데이터를 스스로 학습하였고, 최선의 결과를 판단하고 '강화 학습(reinforcement learning)'이라는 시행착오 프로세스를 기반으로 새로운 전략을 발견하도록 하였다. 여기에서 중요한 것은 알파고는 경험의 양이 적기 때문에 매우 뛰어난 컴퓨터 능력

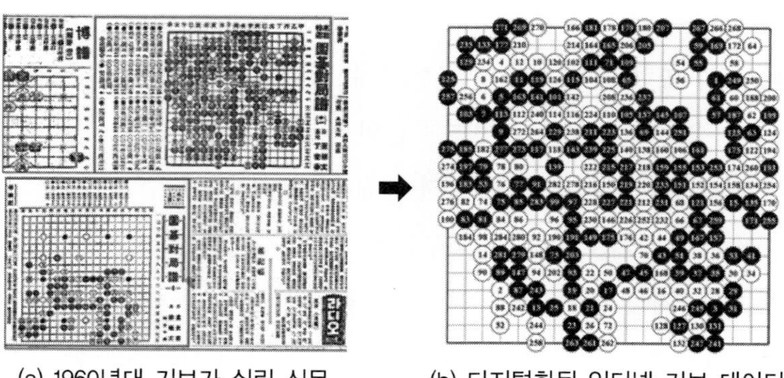

(a) 1960년대 기보가 실린 신문 (b) 디지털화된 인터넷 기보 데이터

[그림 5-3] 기보 데이터의 변화

과 디지털화된 기보 데이터가 없었다면 이와 같은 결과를 얻기가 어려웠을 것이라는 점이다.

이는 데이터의 중요성을 극명하게 나타내는 사건이라고 볼 수 있다. 알파고와의 바둑 대결 이후 국내의 많은 기관은 인공지능 알고리즘의 개발에 많은 투자를 하였지만, 그 이전에 잘 만들어진 데이터의 필요성에 대해서는 간과하는 경향이 없지 않다. 사람은 태어나서부터 지속적으로 많은 정보를 자연스럽게 흡수하거나 학습이라는 형태로 습득하고 있으며, 이런 데이터는 경험이라는 형태로 인간에게 체화(體化)되어 의사결정이나 가치판단, 그리고 행동이라는 모습에 영향을 주고 있다.

인간은 경험에 영향을 주는 정보 또는 데이터를 이전에는 문자를 이용한 기록의 형태로서 책, 그림, 벽화, 비석, 탑 등과 같이 물리적 형태로 특정 공간(예: 성당, 교회, 사찰, 학교, 도서관 등)에 보관하였는데, 이런 데이터를 공유하고 학습하기 위해서는 많은 시간이 소요되는 불편함과 어려움이 있었다. 이는 데이터의 공유를 저해하고 효과적인 의사결정이나 판단을 어렵게 하는 요인이 되기도 하였다. 문맹률이 높은 시대에는 문자로 기록하여 정보를 공유하는 것이 어려웠기 때문에 대부분은 광장이나 시장과 같은 물리적 공간에 모여 정보를 공유하였다.

그러나 1950년대부터 시작된 컴퓨터의 발전은 이같은 기록을 디지털화하여 저장할 수 있었고, 인터넷과 통신 기술의 발전은 도서관이나 광장과 같은 곳으로 이동하지 않아도 정보를 습득할 수 있는 수단을 제공하였다. 컴퓨터 스토리지(storage: 저장 장치)의 발전은 대량의 기록을 한꺼번에 저장하고 빠르게 제공할 수 있도록 하였으며, 스마트폰의 발전과 보급은 실시간으로 정형 또는 비정형 데이터를 생산하고, 이를 무선통신 기술을 통해 클라우드(cloud)상의 스토리지에 바로 전송 · 저장할 수 있도록 하였다. 많은 사람이 이를 동시에 공유하고 재생산할 수 있는 체계가 구성되었으며, 이런 체계는 이전의 물리적 공간에 있던 기록들을 디지털 공간에서 다루게 하여 국가, 지역, 문화, 공간 등에 구애받지 않고 더욱 쉽게 공유하고 재생산할 수 있는 패러다임을 유도하였고, 이는 4차 산업 혁명이란 화두와 함께 인간 삶의 대변화를 촉발하고 있다.

앞의 기술(記述)은 본 연구에서 논하고자 하는 플랫폼 기반의 데이터 서비타이제이션을 쉽게 이해하기 위한 프롤로그적 내용이라 할 수 있다. 지금의 빅데이터 플랫폼과 데이터에 기반한 서비스화는 그냥 출현한 것이 아니고, 인류 삶의 기록 문화와 정보 공유에 대한 욕망이 깔려 있어서 이것이 바탕이 되어 다양한 문화와 서비스를 재창출하고 있다고 볼 수 있다.

본 연구의 구성은 다음과 같다. 2장에서는 데이터에 대한 정의, 가치 있는 데이터의 중요 요소, 구성 방법을 다루었고, 3장에서는 데이터가 모이는 플랫폼에 대한 고찰과 이에 기반한 서비타이제이션을 살펴보았으며, 4장에서는 앞으로의 연구 또는 발전 방향에 대해 논하고자 한다.

2. 데이터 서비스를 위한 데이터 가치화

가. 데이터와 미래 데이터 방향

(1) 데이터의 정의

데이터(data)의 어원은 라틴어 'datum'의 복수형이고, 1946년 처음 사용되었다. 'datum'은 '주다'라는 뜻을 가진 'dare'의 과거 분사로서 '주어진 (것)'을 말하는 것으로, 현실 세계에서 우리 눈앞에 주어진 모든 것은 다 데이터를 의미하며, 인간이 살아가는 세상 그 자체가 데이터라고 할 수 있다. 컴퓨터 분야에서 데이터는 1946년에 정보(information)를 생성하기 위해 계산하거나 측정하는 데 기초가 되었던 내용이라 할 수 있다. 1946년에 컴퓨터 분야에서 정의한 데이터는 컴퓨터 관련 기술들의 발전에 따라 컴퓨터에서 표현되는 데이터 유형이 다양해졌고, 데이터 유형 및 표현의 다양화는 정보의 공유나 의사소통의 어려움을 증가시키고 있다.

데이터의 유형은 크게 정형 데이터(데이터베이스, 파일, 성적 데이터, 입출금 데이터 등)와 비정형 데이터(텍스트, 동영상, 음성, 이미지, 센서, GPS, SNS 등), 그리고 반정형 데이터(정형 데이터와 비정형 데이터가 혼합되어 있는 형태)로 구분될 수 있다. 일반적으로 기업이나 학교 등의 기관에서 사용하는 데이터는 정형 데이터로 처리되었는데, 웹2.0의 대두와 함께 스마트폰의 급격한 확산 및 IoT(Internet of Things)와 같은 기술의 발전은 비정형 데이터의 폭발적 증가로 이어졌고, 폭발적으로 증가한 비정형 데이터는 데이터에 내포된 가치가 매우 높기 때문에 많은 기업이나 기관에서 이를 활용하여 새로운 가치 창출의 수단으로 이용하려 하나, 언어학적 · 사회학적 특성으로 인해 비정형 데이터를 인간의 인지체계처럼 사용하는 것은 매우 어려운 상황이다.

(2) 정보 통신 기술의 발전과 데이터의 변화

[그림 5-4]는 정보 통신 기술이 발전함에 따라 데이터의 규모/유형/특성이 어떻게 변했는지를 요약하여 도식화한 것이다. 그림에서 알 수 있듯이 정보 통신 기술 패러다임의 변화, 특히 웹2.0, SNS, 모바일 혁명과 같은 기술의 대두에 따라 데이터의 규모/유형/특성이 변화하고 있고, 데이터 특성에서 현실성과 실시간성이 나타나고 있으며, 이는 데이터 처리가 더욱 어려워질 수 있음을 의미한다.

제타바이트 단위의 데이터 규모에 대한 이해를 돕기 위해 조금 더 설명하면, 1제타바이트는 미국 전체 학술도서관에 소장된 도서 정보량의 50만 배에 이르는 수치로서 40제타바이트의 규모는 미뤄 짐작하기 어려운 규모라 할 수 있다. 데이터양이 증가하면서 기존의 데이터 저장, 관리, 그리고 분석 기법으로는 데이터를 처리하는 데 한계가 드러났으며, 이를 극복할 수 있는 정보 기술 패러다임으로 '빅데이터'란 용어가 등장하게 된 것이다. 빅데이터를 처리하기 위해 필요한 정보 통신 기술 또한 지속적으로 개발되고 있으며, 다른 정보 통신 기술과 결합하여 빅데이터를 활용하는 다양한 서비스도 연구 · 개발되고 있다.

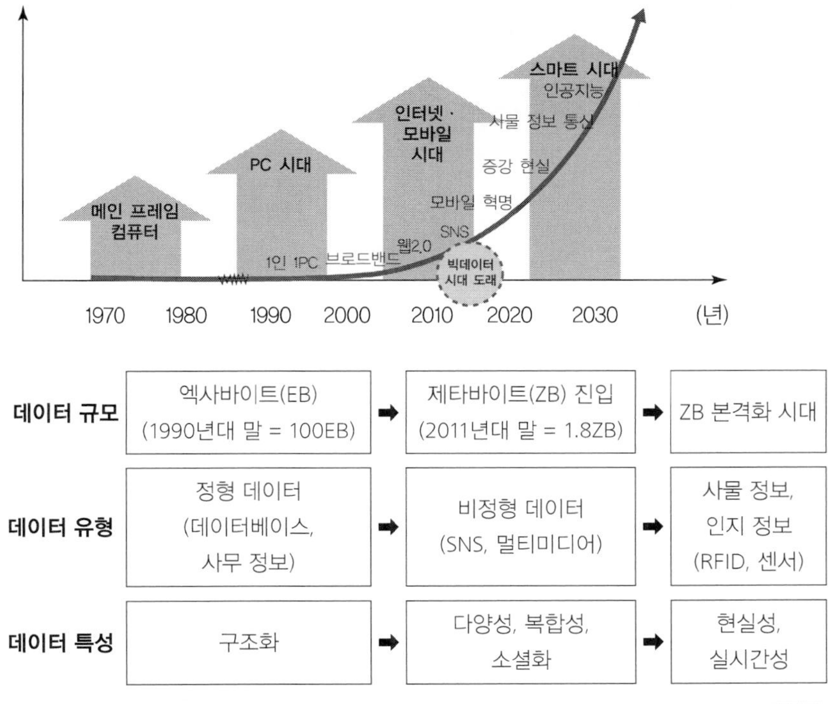

데이터 규모	엑사바이트(EB) (1990년대 말 = 100EB)	➡	제타바이트(ZB) 진입 (2011년대 말 = 1.8ZB)	➡	ZB 본격화 시대
데이터 유형	정형 데이터 (데이터베이스, 사무 정보)	➡	비정형 데이터 (SNS, 멀티미디어)	➡	사물 정보, 인지 정보 (RFID, 센서)
데이터 특성	구조화	➡	다양성, 복합성, 소셜화	➡	현실성, 실시간성

[그림 5-4] 정보 통신 기술 발전에 따른 규모/유형/특성의 변화

(3) 데이터의 현재와 나아갈 방향

2013년 IDC는 「디지털 유니버스 보고서: 빅데이터, 더욱 길어진 디지털 그림자, 이머징 마켓의 놀라운 성장(The Digital Universe in 2020: Big Data, Bigger Digital Shadows, and Biggest Growth in the Far East)」이라는 보고서에서 [그림 5-5]와 같은 이슈를 제기하였다. 이는 대부분 데이터와 빅데이터의 장밋빛 모습만 발표한 기존 연구와는 다르게 빅데이터로 인해 야기될 수 있는 다양한 상황을 선제적으로 제시한 것으로, 데이터를 제대로 사용하기 위해 고려되어야 할 점들을 제안한 것이라 할 수 있다.

「빅데이터, 더욱 길어진 디지털 그림자, 이머징 마켓의 놀라운 성장」 요약

- 디지털 유니버스의 크기를 거대한 규모로 팽창시키는 요인: 개인용 IT 디바이스의 활성화, 이머징 마켓의 인터넷 보급률 확대, 감시 카메라와 같은 디지털 기계가 생성하는 데이터가 크게 관여함
- 40ZB 데이터를 저장한 모든 블루레이 디스크의 무게를 달면 니미츠급 항공모함 424척의 무게이며, 일인당 약 5,247GB의 디지털 데이터를 소유
- 디지털 기계가 생성하는 데이터양은 2020년에는 전체 디지털 데이터양의 약 40%까지 늘어나는 것으로 예상되나, 현재 이같은 데이터 중 대부분이 분류 또는 분석되지 못한 상태로 버려지고 있음
- 디지털 데이터 중 유용한 가치를 창출할 것으로 판단되는 데이터양은 23%(0.64ZB)이며, 그중 3%만이 분류되고 0.5%만이 분석됨
- 보안이 필요한 정보량의 증가 속도가 전체 디지털 데이터양의 증가 속도보다 빨라지며, 보안 및 보호를 필요로 하는 디지털 데이터양은 2020년에는 40%까지 올라갈 것으로 예상되나 실제 보호를 받는 정보량은 19%에 불과
- 이머징 마켓에서 생성되는 디지털 데이터양은 36%이나, 2020년에는 62%가 이머징 마켓에서 생성될 것이며, 특히 중국은 단독으로 전 세계 데이터의 22%를 생성
- 디지털 그림자(digital shadow)의 지속적 증가 → 디지털 IT 기기를 통해 직접 만들어 내는 데이터보다 이런 데이터를 만들어 내고 있는 개인에 대한 정보가 훨씬 많이 생성됨

[그림 5-5] IDC 디지털 유니버스 보고서 「빅데이터, 더욱 길어진 디지털 그림자, 이머징 마켓의 놀라운 성장」의 일부 요약

이 보고서에 따르면, 현재 데이터 중 대부분이 분류 또는 분석되지 못한 상태로 버려지고 있으며, 실제 보호를 받는 정보량은 19%에 불과하고, 디지털 그림자의 지속적 증가는 데이터를 사용하는데 있어 더 큰 문제를 발생시킬 가능성을 잠재하고 있다는 것이다. 이는 빅데이터 또는 데이터가 중요하고, 이를 이용한 새로운 트렌

드와 비즈니스 모델을 주도하는 주요 벤더를 제외하고는 데이터를 활용한 새로운 비즈니스나 가치를 창출하는 것이 쉽지 않다는 것을 보여 주는 것이라 할 수 있다. 이를 극복하기 위해서는 '가치 있는 데이터 중심의 시대로 어떻게 나아갈 것인가?' 또 '가치 있는 데이터란 무엇인가?'에 대한 고민과 이에 대해 나아갈 방향을 제시하는 것이 중요하다고 할 수 있다.

2017년 발표한 IDC 백서 『데이터 시대 2025(Data Age 2025: The Digitization of the World from Edge to Core)』에서는 데이터를 제대로 활용하기 위한 변화의 방향과 선제적으로 대처해야 할 중요한 사항들을 [그림 5-6]과 같이 제시하였으며, 본 연구에서는 이를 참조하여 데이터의 가치화 방법과 이를 운용할 수 있는 방법론적인 접근으로 빅데이터 플랫폼에 대해 기술하고자 한다.

'2025's Big Data'
- 10년간 '아날로그 데이터의 디지털화(化)' ➡ '가치 있는 데이터'(우리의 일상에 중요한 영향을 미치는 데이터) 중심의 시대 - 과거는 데이터의 대부분을 소비자가 생산 ➡ 2025년 전체 데이터의 60% 가량이 기업에 의해 생성됨 - 모든 기업이 데이터에서 파생되는 트렌드의 영향을 받게 됨 - 2025년 20%에 가까운 데이터가 우리 삶에 중요한 영향을 미침 ➡ 전체 데이터의 10%는 우리 삶에 없어서는 안 되는 매우 중요한 데이터 - 2025년 개인 대 네트워크 연결 기기가 하루 평균 4,800번의 상호 정보 교환(18초에 한 번씩 정보 교환) - 2025년 데이터 분석과 관련된 데이터는 50배 증가해 5.2ZB에 달함 - 생성되는 데이터의 1/4 이상이 실시간 생성, 이 중 95% 이상이 IoT와 관련 - 데이터 생산 주체의 변화: 생산성과 임베디드 데이터, 비엔터테인먼트 이미지, 동영상이 중심

[그림 5-6] IDC 백서 『데이터 시대 2025』의 일부 요약

나. 가치 있는 데이터

(1) 데이터 가치화의 필요성

서론에서 기술했던 알파고는 대부분의 사람이 심층신경망과 몬테카를로 트리 탐색이라는 인공지능 알고리즘과 알파고리(AlphaGo Lee: 48개의 TPU가 사용된 분산 버전)라 명명된 구글이 개발한 뛰어난 하드웨어로 바둑의 최강자가 되었다고 인식하지만, 그 이전에 잘 정리된 기보 데이터와 착점 데이터가 기반이 되었다는 것을 무시할 수 없다. 아무리 뛰어난 인공지능 알고리즘을 개발하고 대량의 데이터가 있다고 하더라도 이를 가치 있는 데이터로 제대로 구성하지 못하면 컴퓨터는 인간이 원하는 만큼 제대로 데이터를 처리하기 어렵다. 이는 '모라벡의 역설(Moravec's Paradox)'이라는 특징 때문인데, 인간에게 어려운 문제는 컴퓨터에게는 쉽고, 인간에게 쉬운 문제는 컴퓨터가 어렵게 느끼는 현상이다.

(2) 데이터 가치를 높이기 위한 고려 사항

① 데이터의 표준화된 태깅화

미국 메사추세츠공과대학교(MIT)의 페이페이리(Fei-Fei Li) 교수는 7년 동안 가치 있는 데이터를 만들기 위한 연구를 수행하였다. 이 연구는 ImageNet이라는 결과로 이어졌는데, 아마존의 미케니컬 터크(M Turk)와 같은 크라우드 소싱 기술을 사용해 이미지에 레이블(label)을 붙였으며, 5만 명에 가까운 작업자가 전 세계 167개국에서 10억 장의 후보 이미지를 정리하고 분류하는 작업을 도와주어 10억 장의 이미지들 중 1,500만 장의 이미지를 데이터베이스화할 수 있었으며, 이는 딥러닝 알고리즘의 우수성을 입증하는 데 크게 활용되었다.

[그림 5-7] 페이페이리 교수의 TED 강연 중 모습

출처: https://www.ted.com/talks/fei_fei_li_how_we_re_teaching_computers_to_understand_pictures

> 페이페이리 교수는 TED 강연 시 "우리는 기계에게 보는 것을 가르쳤습니다. 다음엔 기계가 우리를 도와 더 잘 보게 할 겁니다. 처음으로 인간의 눈이 아닌 것이 세계를 생각하고 탐험하게 되었습니다. 우리는 인공지능 때문에 기계를 이용할 뿐만 아니라 상상치 못했던 방식으로 기계와 협력하게 될 것입니다."라고 발표하였다.

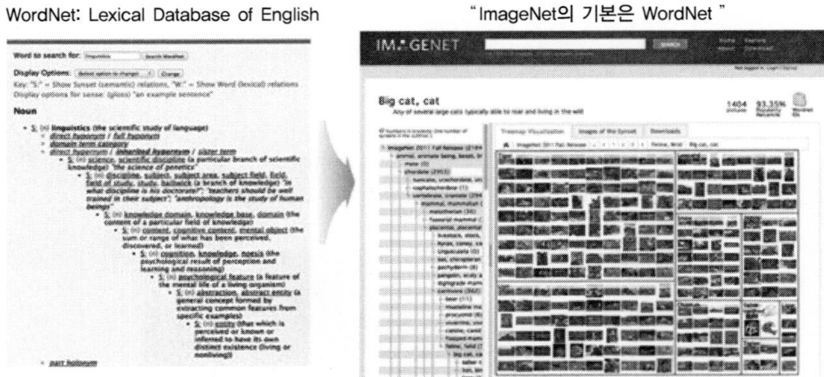

[그림 5-8] WordNet 구조와 ImageNet 구조 비교

ImageNet을 구성하는 이미지에 레이블을 태깅하기 위해서는 표준화된 어휘사전이 필요했고, 페이페이리 교수는 프린스턴 대학에서 1985년부터 지금까지 개발되고 있는 영어의 의미 어휘 목록인 WordNet을 [그림 5-8]과 같이 사용하였다. 같은 이미지에 대해 서로 상이한 단어를 사용하게 되면 ImageNet 구성이 의미가 없어질 수 있기 때문이다. 이렇게 태깅된 데이터는 컴퓨터에게 처리할 데이터가 무엇이고, 무엇으로 분류되어야 하는지를 알려 주는 나침반 역할을 할 수 있다.

② 데이터의 메타지능화

[그림 5-4]에서 제시했듯이, 최근에 발생하는 데이터는 비정형적이어서 컴퓨터가 처리하기 어려운 문제가 있으며, 이를 해결하기 위해 앞 절에서 기술했듯이 데이터에 레이블을 태깅하는 방법

을 제시하였다. 이와 더불어 가치 있는 데이터를 만들기 위해서는 인간의 인지체계를 지원할 수 있어야 하며, 인간이 특정 대상을 인식할 때 고려하는 다양한 요인들이 데이터에서 고려되어야 한다. 즉, 데이터를 ㉠ 어디에서-어떻게 수집할까? ㉡ 어디에-어떻게 넣어야 할까? ㉢ 어디에서-어떻게 꺼내야 할까? ㉣ 어떤 내용이었을까? ㉤ 그 내용과 비슷한 것은 어떤 것일까? 등으로 정리할 수 있다.

즉, 저장된 데이터가 어떤 내용으로 어디에-어떻게 저장되어 있는지를 알고 이를 찾아낸 후 연계-조합하여 처리할 수 있도록 하기 위해서는 데이터를 메타인지(meta cognition)화하여야 한다. 이는 입력되는 데이터부터 고려되어야 할 사항이며, 인간의 텍스트로 발생되는 데이터는 메타지능(meta intelligence)화가 필수적이라는 것을 의미한다. 다음과 같은 텍스트가 있을 때 인간의 인지는 바로 그와 연관된 개념을 구분할 수 있다. 이것은 인지 과정의 첫 단계인 분류(classification)로서 기계 학습(machine learning)에서도 가장 우선적으로 고려되는 기술이라 할 수 있다. [그림 5-8]에서 단어나 이미지 등이 제시되었을 때 이와 가장 연관되는 대상으로 분류한다는 것은 해당 텍스트가 어떤 개념들에 연관되는지를 컴퓨터에게 알려 줄 수 있는 방법이 필요하다는 것이다.

[그림 5-9]에서 '배'라는 텍스트의 경우, 인간은 두 가지 대상을 고민할 수 있다. 이 문제는 컴퓨터에도 해당되는 것으로 인간은 전체적인 상황이나 문맥을 보고 결정할 수 있으나, 아직 컴퓨터는 정확한 분류가 어려우며 이를 위해 대량의 데이터를 기계 학습 방법을 이용하여 해결하는 방법이 많이 제안되고 있다. 다음 절에서는 정형화된 데이터 상태에서의 어휘적 문제를 기술하고자 한다.

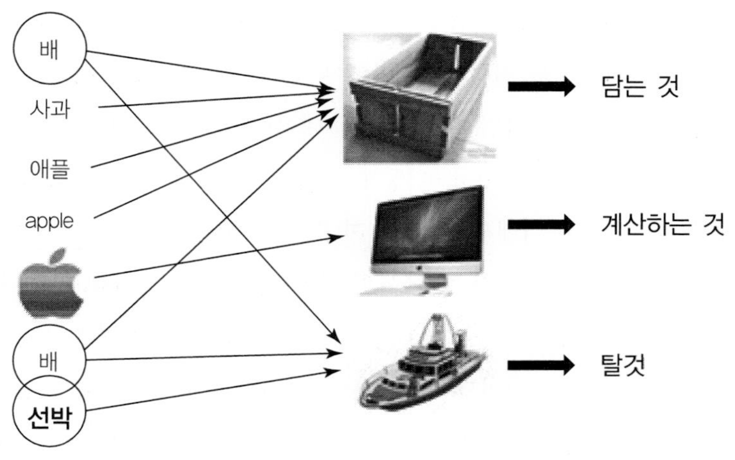

[그림 5-9] 데이터(텍스트나 이미지)의 분류

③ 메타 데이터와 어휘적 특성 반영

데이터에 레이블을 태깅하는 것과 어떤 레이블을 태깅하느냐 하는 것은 결국 데이터에 메타 데이터(meta data)를 부여하는 것이라 할 수 있다. 메타 데이터는 데이터의 데이터를 의미하는 것으로 이전에는 데이터를 어떻게, 어디에 저장하고 관리할 것인가의 관점에 집중되었다면, 최근에는 데이터 가치화를 위해서 데이터의 표준화와 어휘적 문제 극복에 더 집중하고 있다. [그림 5-10]은 정형화된 데이터에서 나타나는 어휘적 문제로서 이 문제가 극복되지 않으면 데이터를 가치화하는 것은 더욱 어렵다고 할 수 있다.

어휘적 문제는 특히 표현의 다양성과 의미의 다양성, 그리고 연관성에 의해 발생하는 것으로 메타 데이터뿐만 아니라 콘텐츠 데이터 모두 단어의 중의적 특성에 따라 발생하며, 데이터의 연관성을 방해하는 요인이 될 수 있다. 데이터의 연관성은 데이터 가치화에 필수적인 것으로 인간의 직관적인 인지체계와 같은 능력을 컴퓨터에 제공하기 위해 해결해야 할 부분이며, [그림 5-10]에서는 실제 월, 강수량, 판매량, 과일이라는 메타 데이터가 값을 가질 때 어떤 문제와 연관성으로 데이터를 가치 있게 할 수 있는지를 나타내었다.

[그림 5-10] 정형화된 데이터의 메타 데이터와 어휘적 특성

[그림 5-10]에서는 ㉠ 숫자 1, 2, 3, 4, … 12를 '월'이라는 메타 데이터로 명명하였고, Jan, Feb, … Dec는 'Month'라는 메타 데이터로 명명하였다. 이때 1, 2, 3과 Jan, Feb, Mar은 같은 의미를 다르게 표현한 것으로, 결국 '월'과 'Month'는 같은 개념을 갖는다고 할 수

있다. 그러나 컴퓨터에게는 이 둘이 같은 의미라는 것을 알려 주어야 하며, 이를 알려 줄 방법을 적용해야 한다. ㉡ '배'와 '배'가 서로 다른 의미를 갖는다는 것은 메타 데이터 값을 보고 알 수 있다. ㉢ 중요한 것은 아무리 텍스트 데이터가 갖고 있는 메타 데이터 이름이 같아도 더 깊게 고찰해야 할 문제가 있다. 이는 판매량(kg)과 판매량(대)의 관계이다. 같은 '17'이고 '판매량'이란 텍스트는 같지만 상세한 특성, 즉 메타 데이터에 존재하는 계량적 특성이 분류에 다른 영향을 줄 수 있다는 것이다. 아무리 메타 데이터를 부여했다 하더라도 메타 데이터 간에도 의미적 연관성이 존재하며, 같은 콘텐츠 데이터임에도 메타 데이터 명명이 다르게 되면 컴퓨터는 다른 데이터로 처리할 수밖에 없다.

어휘가 갖는 개념적 특성을 확장하면 추론적 특성으로 연결된다. [그림 5-10]에서 상이한 도메인이 갖는 추론적 특성을 찾아내는 능력은 데이터를 가치화하는 데 있어 매우 중요하고, 도전적 특성이다. [그림 5-11]은 [그림 5-10]의 메타 데이터와 데이터를 가지고 추론적 특성을 반영한 것이며, 이 같은 추론적 특성은 창의적이고 직관적 능력을 보유한 인재에 의해 발현될 수 있다.

추론적 특성에 의한 도메인 연관성 및 가치

① 월별 강수량(강우량)에 따른 과일별 판매량 ② 월별 강수량(강우량)에 따른 탈것 판매량	➡	날씨(비)가 판매에 어떤 영향을 미치는지 알고 월별 매입량과 전월의 재고 수준을 준비

[그림 5-11] 추론적 특성에 의한 도메인 연관성 및 가치

④ 존재의 의미삼각

[그림 5-12]는 Ogden과 Richards(2013)가 발표한 '존재의 의미삼각'의 존재(thing 또는 being)에 대한 개념과 기호에 대한 명확한 정의라 할 수 있다. 존재의 의미삼각으로 인해 지역과 문화에 따라 존재에 대한 기호의 다양화가 발생하고 있으며, 이는 동일 또는 유사 개념의 공유와 의사소통의 어려움을 야기할 수도 있다.

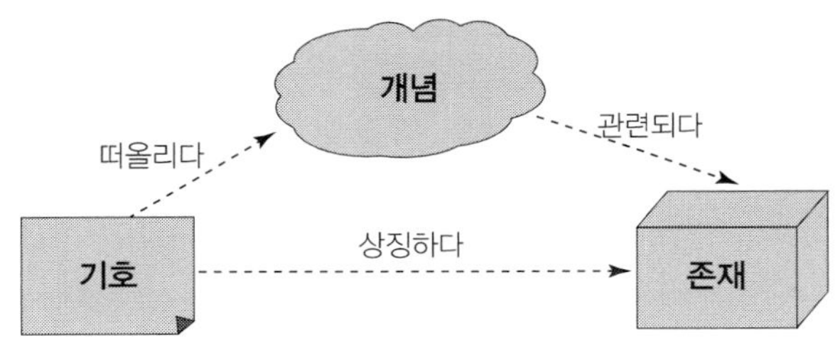

[그림 5-12] 정형화된 데이터의 메타 데이터와 어휘적 특성

존재의 의미삼각에서는 기호를 표준화하는 다양한 시도가 있으며, 이 중 하나가 ③에서 제시한 메타 데이터의 표준화를 통해 어느 정도 지원될 수는 있으나 인간으로 인해 지속적으로 나타나는 존재의 표현은 단순히 메타 데이터의 표준화만으로는 해결하기 어려우며, 기존 존재에 표현한 기호를 표준화된 단어로 다 변경할 수도 없기 때문에 존재의 공유화된 개념을 연결할 수 있는 방법이 필요하다.

[그림 5-13]은 존재에 대한 표현의 다양성이 소통의 어려움을 발생시킬 수 있다는 것을 묘사한 것으로, 컴퓨터를 통한 데이터 처

[그림 5-13] 존재의 기호 표현에 따른 개념 공유의 어려움

리-분석의 가치화를 위해 이를 해결할 수 있는 방안을 구성하는 것이 중요하다.

⑤ 문장에 내포된 맥락의 반영

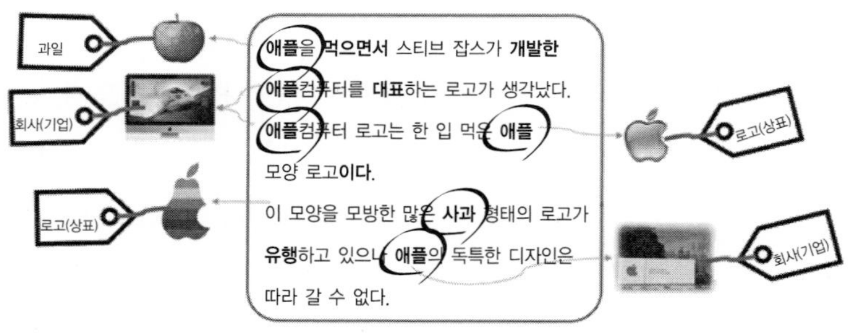

[그림 5-14] 문장 내 단어별 맥락

데이터를 더욱 가치 있게 하기 위해서는 문장이 내포한 맥락의 처리가 필요하다. 최근의 텍스트 마이닝, 즉 문장을 처리하는 방법

은 지도 학습과 비지도 학습이 있다. 지도 학습(supervised learning)은 문장에 있는 단어들에 레이블을 태깅하여 훈련 데이터 집합을 만든 후 이를 다양한 기계 학습 알고리즘을 이용하여 맥락을 결정하는 방법이다. 비지도 학습(unsupervised learning)은 훈련 데이터가 없는 문장들을 학습하여 맥락을 결정하는 방법이다. 그러나 비지도 학습 방법의 경우 영상 처리와는 다르게 텍스트가 갖는 앞의 어휘적 특성으로 인해 그 한계가 드러나고 있으며, 현재 많은 연구 기관이 지도 학습을 위한 데이터 사전을 개발하고 있는 상황이다.

데이터를 가치 있게 하기 위해 단어에 대한 의미를 결정하는 것이 왜 중요한지는 [그림 5-14]에서 보여 주고 있다. 문장에서 단어들이 출현할 때 앞 · 뒤 단어의 특징과 구문의 형태소에 따라 동음이의어나 이음동의어의 개념이 결정되는 것으로, 비정형 데이터의 처리를 정확하게 하기 위해서는 이를 해결할 수 있는 정확한 방법이 구성되어야 한다.

⑥ 문장의 형태소 분석

형태소 분석이란 문장에 있는 단어들을 품사와 문법에 따라 잘 나누는 것을 의미한다. 한국어의 경우 자체 형태소 분석을 위한 프로그램 개발 투자가 거의 없어 외국에서 개발한 프로그램들을 일부 수정해서 사용하는 경우가 대부분이었다. 이는 향후 기계 학습을 위해 문장 내 각각의 단어를 반영할 때 가장 기본이 되는 부분으로, 기계 학습 알고리즘이든 딥러닝 알고리즘이든 간에 형태소 분석의 능력에 따라 잘 추출된 단어들이 보장되어야만 그 결과를 신뢰할 수 있기 때문이다.

[그림 5-15]는 형태소 분석의 중요성을 가장 쉽게 알 수 있는 이미지이다. 가장 쉬운 문장임에도 불구하고 이를 정확하게 구분하는 것은 쉽지 않은 현실이다. 형태소 분석이 잘못되었을 때 앞에서 메타지능, 맥락 결정 등도 지원할 수 없기 때문이며, 이는 비정형 데이터를 분석하는 데 가장 많이 활용되는 텍스트 마이닝(text mining)의 성능을 높일 수 있는 원천이라 할 수 있다.

[그림 5-15] 형태소 분석의 중요성을 보여 주는 이미지의 예

출처: https://youtu.be/xLPaQMs7kBo

다음의 〈표 5-1〉과 〈표 5-2〉는 현재 국내에서 만들어진 형태소 분석 프로그램을 비교한 결과로, 같은 의미를 갖는 문장이 형태소 분석기의 성능에 따라 얼마나 다른 결과를 나타낼 수 있는지 보여 주는 것이며, 현재까지도 대부분의 프로그램이 맥락이나 의미 처리를 지원하기에 매우 부족한 상황임을 보여 준다.

■ **표 5-1 형태소 분석 결과 비교 (1)**

분석 문장 ①: 아버지가방에들어가신다.		
연번	분석 결과	
1	출처: 고려대학교 자연어처리연구실(http://nlp.korea.ac.kr/~demo/dglee/)	
	형태소 분석 결과	**추출 키워드**
	아버지/NNG+가방/NNG+에/JKB+들어가/VV+시/EP+ㄴ/ETM	아버지, 가방
2	출처: 한국전자통신연구원(http://aiopen.etri.re.kr/demo.php)	
	형태소 분석 결과	**추출 키워드**
	NNG JKB VV EP EF 아버지가방 + 에 + 들어가 + 시 + ㄴ다	아버지가방
3	출처: 한밭대학교(http://iip.hanbat.ac.kr/RealParser)	
	형태소 분석 결과	**추출 키워드**
	아버지 NNG / 가 JKS / 방 NNG / 에 JKB / 들어가 VV / 신다 EP+EC	아버지, 방

■ **표 5-2 형태소 분석 결과 비교 (2)**

<table>
<tr><th colspan="2">분석 문장 ②: 아버지께서방에들어가신다.</th></tr>
<tr><th>연번</th><th>분석 결과</th></tr>
<tr><td>1</td><td>출처: 고려대학교 자연어처리연구실(http://nlp.korea.ac.kr/~demo/dglee/)
<table>
<tr><th>형태소 분석 결과</th><th>추출 키워드</th></tr>
<tr><td>아버지/NNG+께/XSN+서방/NNG+에/JKB+들어가/VV+시/EP+ㄴ/ETM</td><td>아버지, 서방</td></tr>
</table></td></tr>
<tr><td>2</td><td>출처: 한국전자통신연구원(http://aiopen.etri.re.kr/demo.php)
<table>
<tr><th colspan="7">형태소 분석 결과</th><th>추출 키워드</th></tr>
<tr><td>NNG</td><td>JKS</td><td>NNG</td><td>JKB</td><td>VV</td><td>EP</td><td>EF</td><td rowspan="2">아버지, 서방</td></tr>
<tr><td>아버지 +</td><td>께 +</td><td>서방 +</td><td>에 +</td><td>들어가 +</td><td>시 +</td><td>ㄴ다</td></tr>
</table></td></tr>
<tr><td>3</td><td>출처: 한밭대학교(http://iip.hanbat.ac.kr/RealParser)
<table>
<tr><th colspan="6">형태소 분석 결과</th><th>추출 키워드</th></tr>
<tr><td>아버지
NNG</td><td>께서
JKS</td><td>방
NNG</td><td>에
JKB</td><td>들어가
VV</td><td>신다
EP+EC</td><td>아버지, 방</td></tr>
</table></td></tr>
</table>

〈표 5-1〉과 〈표 5-2〉의 추출 키워드를 보면, 형태소 분석에 따라 향후 단어의 의미를 결정하기 위한 기본 단위부터 큰 차이를 나타낼 수 있음을 보여 준다. 만약 〈표 5-1〉의 1로 키워드가 추출되면 '가방'이라는 키워드로 인해 'bag'의 의미를 연결시키게 되며, 〈표 5-1〉의 2는 '아버지가방'이라는 키워드로 추출되어 'father's bag'의 맥락을 가질 수 있다. 〈표 5-2〉는 단순히 '가'라는 조사를 '께서'로 바꿨을 때의 문제를 보여 준다. 〈표 5-2〉의 1과 2는 '아버지'와 '서방'이 추출되고, '서방'의 경우 '남편의 낮은 표현' 또는 '서

쪽'을 의미할 수도 있기 때문에 전혀 다른 결과를 야기할 수도 있게 되는 것이다.

다. 온톨로지를 이용한 데이터 가치화

앞 절에서는 가치 있는 데이터로 만들기 위해 고려해야 할 사항들을 고찰하였다. 본 절에서는 앞의 내용들을 지원할 수 있는 데이터 표현 모델 방법인 온톨로지(ontology)에 대해 기술하고자 한다. 존재에 대한 연구로부터 시작된 온톨로지가 최근 빅데이터 분석을 제대로 하기 위해 데이터의 가치를 높이는 방안으로서 다시 각광받고 있으며, 많은 기관에서 온톨로지를 이용해 메타 데이터와 데이터맵을 구성하는 사업이 활발하게 이루어지고 있다. 따라서 본 절에서는 온톨로지가 무엇이며, [그림 5-14]의 문장의 형태소 분석을 수행한 후 온톨로지 모델을 구성하여 가치 있는 질문을 수행하는 과정을 제시하고자 한다.

(1) 온톨로지 개요

온톨로지는 원래 철학 분야에서 시작되었는데, 이는 B.C. 360년 아리스토텔레스가 주장한 것으로서 어원인 'ontoligia'는 그리스어의 'on(존재자)'과 'logos(논)'의 의미를 갖고 있다. 이는 모든 '있는 것'은 어떤 '그 무엇'이며, '그 무엇'이 존재의 본질이라 주장하는 것이다. '있다(is 또는 be)'라는 술어(術語)로 모든 있는 것(有)을 표현한다. 즉, 각 존재의 관계로서 지식을 표현하고 지식을 추론하기 위한 로직을 연구한 것으로서 지식 표현(knowledge representation)

의 한 방법이며, 철학, 언어학, 컴퓨터공학, 인지과학 등과 관련이 있다.

[그림 5-16]은 아리스토텔레스의 연구부터 2013년의 SPARQL 1.1에 이르기까지 지식 표현에 있어 중요한 발표들을 정리한 연대표로서 이것은 현대의 인공지능과 인지컴퓨팅에서 컴퓨터에 지식을 입력할 수 있는 지식 표현 기술들의 초석이 되었다.

(2) 시멘틱 웹과 온톨로지

팀 버너스 리(Tim Berners-Lee)에 의해 웹(World Wide Web)이 제안된 후, 1996년 팀 버너스 리는 시멘틱 웹(Semantic Web)이라는 새로운 패러다임을 제시하였다. 인터넷에 의해 발생하는 자원(웹

2013 SPARQL 1.1 (W3C)
2012 OWL(Web Ontology Language) (W3C)
1993 Ontology (Tom Gruber)
1983 T-Box, A-Box (Ron Brachman)
1910 Logic 토대 마련 (Bertrand Russell)
1883 Truth Tables (Charles Sanders Peirce)
1879 Predicate Logic (Frege)
1854 Boolean Algebra (George Boole)
17C Mathematical Logic (Leibniz' encodings)
13C Automated Reasoning (Llull)
3C Semantic Network (Porphyry)
BC360 Ontology (Aristoteles)

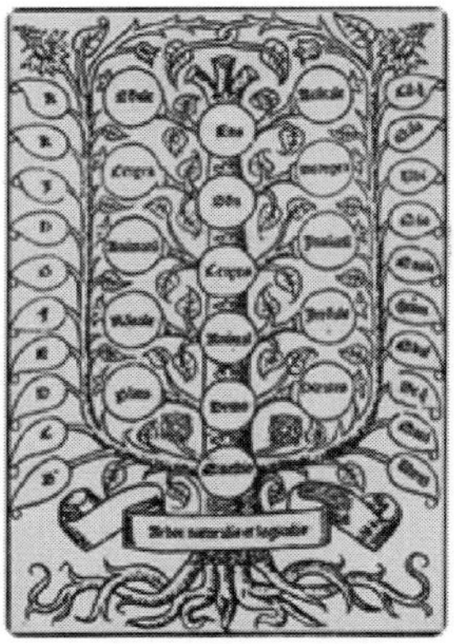

Tree of Porphyry
by Llull (1305)

[그림 5-16] 지식 표현 기술의 연대별 변화

출처: https://en.wikipedia.org/wiki/Porphyrian_tree

페이지)은 단순한 페이지에 있는 텍스트들이 하이퍼링크(hyper-link) 개념으로 정보의 연결과 흐름을 의미하게 되었으나, 단순한 정보 연결만으로는 계속적으로 쌓이는 자원들의 의미와 연관성을 반영하지 못하여 지속적으로 쌓임에 따라 정보를 추출하고 검색하기 어려워지는 문제가 예견되었다. 그렇기 때문에 팀 버너스 리는 '정보'와 '정보'의 의미관계를 이용해 정보를 연결하고 서비스하는 지능형 웹인 시멘틱 웹을 제안하였다.

팀 버너스 리가 제안한 시멘틱 웹을 구성하는 기술들은 [그림 5-17]의 시멘틱 웹 기술 스택(stack)에서 알 수 있으며, [그림 5-16]의 지식 표현 대표 개념들이 내포되어 구성되고 있다. 시멘틱 웹이 제안된 후 이를 완성하는 기술로 특히 온톨로지가 집중되었으

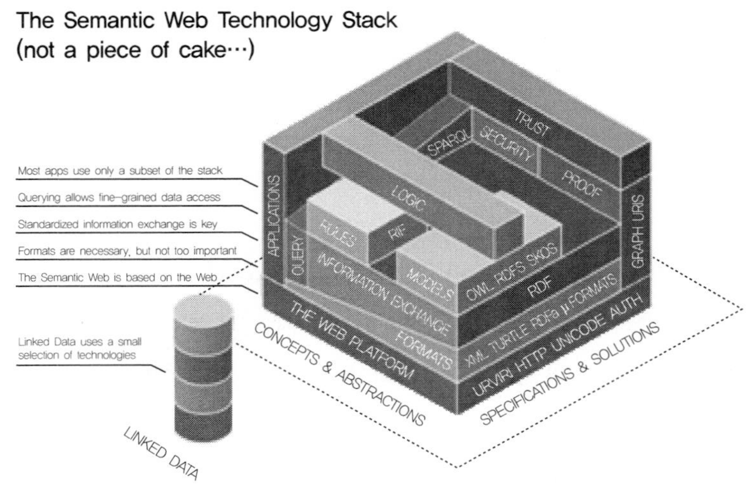

[그림 5-17] 시멘틱 웹 기술 스택

출처: https://www.flickr.com/photos/jalbertbowdenii/15136351742

며, [그림 5-18]은 1993년 톰 그루버(Tom Gruber)가 정의한 온톨로지 정의와 온톨로지에 데이터가 합쳐진 지식베이스를 보여 주고 있다. 지식베이스는 데이터(텍스트)에 구조 + 관계 + 제약조건 + 룰 + 인스턴스가 합쳐진 것으로 가치화된 데이터들의 집합이라 할 수 있다.

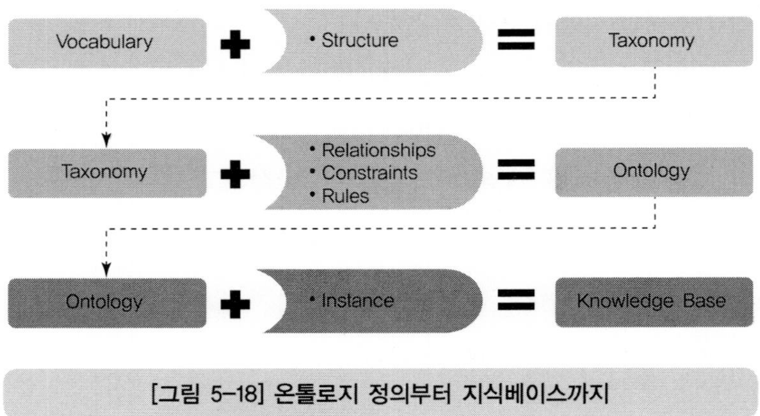

[그림 5-18] 온톨로지 정의부터 지식베이스까지

출처: Gruber (1993).

(3) 온톨로지 모델링 과정

본 절에서는 [그림 5-14]의 문장을 형태소 분석한 후 명사와 술어를 도출하고 온톨로지 모델을 설계하여 인스턴스를 부여하는 과정을 보여 주어 가치 있는 데이터의 예를 제시하고자 한다.

① 형태소 분석에 따른 주어(subject)-서술어(predicate)-목적어(object) 추출

[그림 5-19]는 형태소 분석 결과로서 단어별 품사가 단어 아래에

표기되어 있다. 이때 서술어 역할을 할 수 있는 품사는 VV(동사), NNGV(동사성격 명사), NNV(동사형 명사) 등이 있고, 주어와 목적어 역할을 담당하는 품사는 NNG(일반명사), NNP(고유명사), NNPC (고유명사), NNGV(동사성격 명사) 등으로 분류할 수 있다.

주어/목적어와 서술어를 추출한 후 생략된 주어가 있는 경우에는 주어를 추가한다. 추출된 주어/목적어의 개념을 도출한 후 추출된 서술어가 어떤 주어와 서술어에 연관되는지를 표기한다.

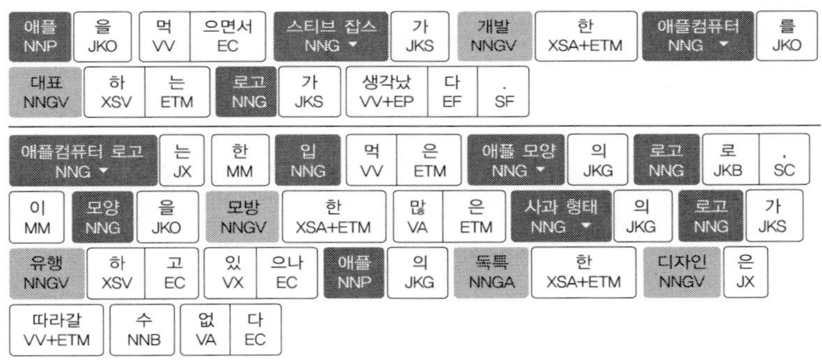

[그림 5-19] 형태소 분석에 의한 단어별 품사

■ **표 5-3 형태소 분석에 의한 단어별 품사**

주어/목적어	애플, 스티브 잡스, 애플컴퓨터, 로고, 애플컴퓨터 로고, 입, 애플 모양, 모양, 사과 형태, 디자인
술어	먹(먹다), 개발(하다), 모방(하다), 대표(하다), 유행(하다), 독특(하다)

② 주어-서술어-목적어의 개념화와 연관성 구성

〈표 5-4〉는 단어별 개념화와 이를 중심으로 한 연관성을 구성

한 표이다. 이 표를 기반으로 온톨로지 모델을 설계하고, 해당 단어는 온톨로지의 인스턴스로 구성된다.

■ **표 5-4 단어별 품사와 도메인 개념 및 연관 개념**

구분	단어	품사	도메인 개념	연관 개념	역할
주어/목적어	애플	NNP	과일		O
	스티브 잡스	NNG	인물		S
	애플컴퓨터	NNG	기업/컴퓨터		S/O
	로고	NNG	디자인		S
	애플컴퓨터 로고	NNG	디자인		
	애플 모양	NNG	모양		
	모양	NNG	디자인		O
	사과 형태	NNG	모양		
	디자인	NNGV	디자인		
서술어	먹(먹다)	VV	사람	과일	
	개발(개발하다)	NNGV	사람	기업/컴퓨터	
	대표(대표하다)	NNGV	로고	기업/컴퓨터	
	유행(유행하다)	NNGV	모양	디자인	
	모방(모방하다)		로고	디자인	
	독특(독특하다)	NNGV	기업/컴퓨터	디자인	

③ **온톨로지 모델과 지식베이스**

[그림 5-20]은 〈표 5-4〉에 따라 설계된 온톨로지 모델과 그래프를 나타낸다. 그래프는 실제 인스턴스가 입력되었을 때 추론을 통해 사용할 수 있는 지식베이스를 보여 주는 것이다.

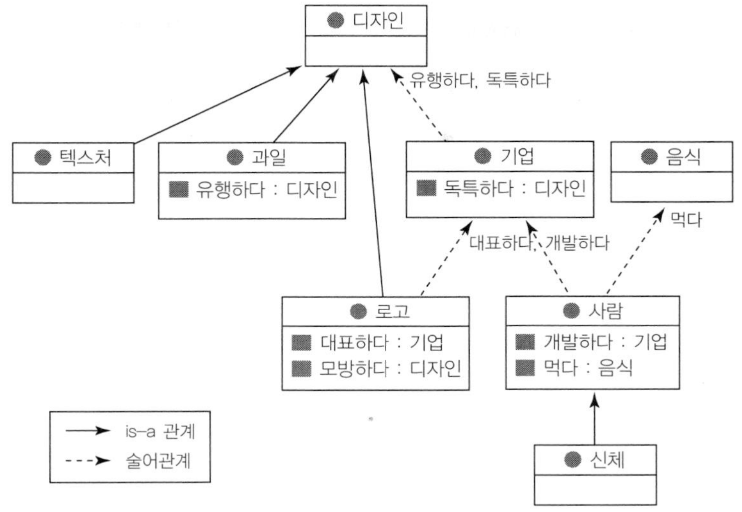

[그림 5-20] [그림5-14]에 기술된 문장의 간단한 온톨로지 모델

[그림 5-21]은 [그림 5-20]을 바탕으로 데이터를 가치 있게 사용할 수 있는 문장을 보여 주고 있으며, 이는 인간의 사고와 비슷한 '추론(inference)' 과정을 통해 출력할 수 있다. 온톨로지 모델에는 데이터에 대한 정형화와 상이한 도메인들 간의 관계, 그리고 개념 및 논리도 정의되어 있기 때문에 SPARQL을 이용해서 다양한 지식으로 활용할 수 있는 것이다.

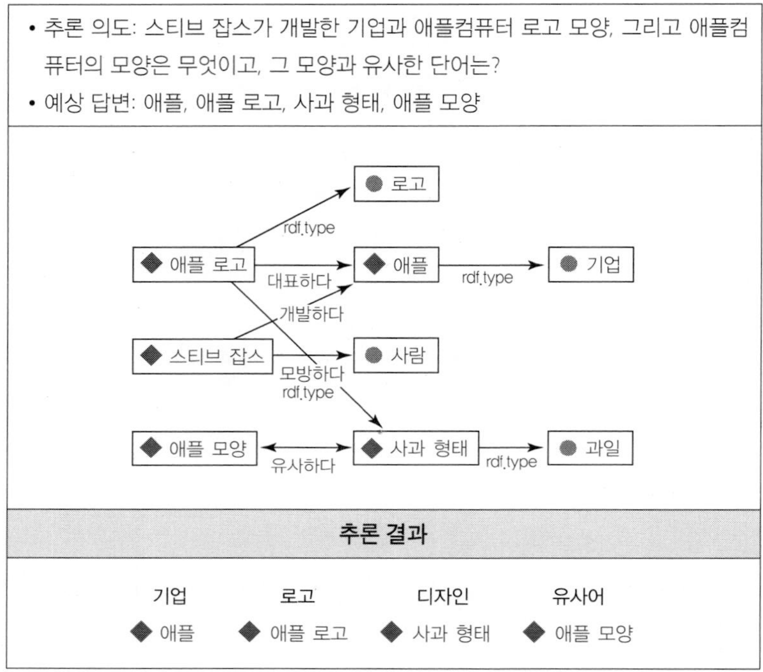

[그림 5-21] 온톨로지 모델 기반의 지식베이스 추론

지금까지 가치 있는 데이터를 만들어 가는 과정을 형태소 분석기와 온톨로지를 이용해서 설명하였다. 다음 장에서는 이 같은 데이터가 집중되는 플랫폼과 이를 기반한 데이터 서비타이제이션에 대해 기술하고자 한다.

3. 플랫폼과 데이터 서비타이제이션

가. 플랫폼 개요

이전에 저자는 4차 산업 혁명이란 단어가 대두하였을 때 연관되는 키워드들을 알기 위해 2016년 구글 뉴스 23,037개를 분석하였다. 즉, 외국에서는 4차 산업 혁명을 완성하기 위해 어떤 기술들을 중요하게 고려하고 있는지 궁금했기 때문에 뉴스에 '4th industrial'이란 단어가 나올 때 같이 출현하는 의미 있는 단어들을 분석하고 놀라운 결과를 얻을 수 있었다. 국내에서는 인공지능 기술이 핵심이라고 이야기할 때, 분석 결과에서 'platform'이라는 기술이 4위나 하게 된 것이다. 이때부터 저자는 왜 AI보다 플랫폼이란 단어가 더 많이 언급되었는지 그 이유를 조사하고 플랫폼의 중요성을 강조하기 시작했다.

플랫폼은 원래 오래 전부터 있던 단어이기 때문에 다양한 정의가 존재한다. 그중 현대의 플랫폼에 가장 적합한 정의는 하버드 대학교 마르코(Marco) 교수가 정의한 "생태계 구성원들이 여러 접점과 인터페이스를 통해 접근할 수 있는 문제 해결책의 집합"이다.

다음의 [그림 5-23]의 이미지들은 대표적인 플랫폼 기반 기업이다. 이러한 플랫폼 기반 기업의 특징은 온라인과 오프라인의 참여가 융합되어 기업들이 실제 오프라인의 개체가 없어도 서비스를 제공하고 가치를 창출한다는 것이다. 더욱 무서운 것은 침대 하나도 없이 숙박업을 하고 있고, 물건 하나 없이 물건을 팔고, 사람 하

분야 \ 월	1	2	3	4	5	6	7	8	9	10	11	12	계	월평균 증가율 (%)	기사량 기준 점유율 (%)	기술단어 간 비중(%)	순위
IoT	493	227	517	538	585	574	582	558	643	744	754	735	6,950	3.7	108.8	30.2	1
Big data	136	151	194	177	205	205	191	178	246	254	287	302	2,526	7.5	39.5	11.0	5
Cloud Computing	66	70	99	86	96	110	113	84	143	124	157	140	1,288	7.1	20.2	5.6	7
robotics / robot	243	271	201	255	268	277	273	288	327	370	384	420	3,577	5.1	56.0	15.5	2
3d / 4d	213	180	206	196	227	224	254	246	292	320	376	318	3,052	3.7	47.8	13.2	3
platform	**116**	**164**	**181**	**196**	**165**	**228**	**206**	**199**	**278**	**272**	**331**	**318**	**2,654**	**9.6**	**41.5**	**11.5**	**4**
AI	73	60	92	108	101	106	110	94	158	169	176	205	1,452	9.8	22.7	6.3	6
Smart factory	39	35	50	46	42	55	81	68	81	66	97	78	738	6.5	11.6	3.2	8
AR / VR	34	28	24	47	46	45	51	59	57	78	88	92	649	9.5	10.2	2.8	9
802.11ax	6	8	16	11	17	12	18	15	7	8	17	16	151	9.3	2.4	0.7	10
합계	1,419	1,194	1,580	1,660	1,752	1,836	1,879	1,789	2,232	2,405	2,667	2,624	23,037			100.0	

[그림 5-22] 4차 산업 혁명 포함 기사의 키워드 분석

나 없이 사람을 소개한다는 것이다. 도리어 이 같이 플랫폼에 참여한 기업의 경우 기존의 전통적 기업에 비해 더 빠르고 더 대규모로 기업의 매출 증대가 이뤄지고 있다.

이러한 플랫폼 기반 기업의 서비스는 대부분 데이터를 기반으로 고객이 의사결정을 하고 대가를 지불하는 것이다. 고객이 원하는 데이터가 무엇인지 더 빠르고 정확하게 알아내고 맞춤화된 결과를 제공함으로써 고객의 만족도를 높여 재방문을 유도하고, 만족도에 따라 입소문을 높여 새로운 고객을 유인하는 것이다.

- Taobao: 중국의 오픈마켓
- Saramin: 우리나라의 인력중개
- Uber: 택시 대행
- 직방: 우리나라의 부동산업
- 배달의 민족: 우리나라의 배달 앱
- airbnb: 숙박업
- Hotels Combined: 호텔 예약 대행

[그림 5-23] 플랫폼 기반 기업들의 예

나. 플랫폼 구성

플랫폼은 생태계(ecosystem)와 네트워크 효과(network effect)를 기반으로 수요자와 제공자가 한곳에 모이게 하고, 이들에게 낮은 장벽, 공정한 거래, 공통 인터페이스를 제공함으로써 완성될 수 있다. 플랫폼에서 생태계는 전통적 기업의 경쟁에 기반한 가치 창출이 아니라 공생에 기반하여 부가 가치를 높이고, 폐쇄형 구조가 아닌 개방형 구조로서 상생적 가치 사슬을 구현하며, 결국은 데이터를 활용해 서비스를 제공하는 구조이다.

또한 네트워크 효과는 미국의 경제학자 하비 라이벤스타인(Harvey Leibenstein)이 주장한 것으로 "어떤 상품에 대한 수요가 형성되면 이것이 다른 사람들의 수요에 영향을 미치는 효과"로 정의될 수 있다. 플랫폼 기반 기업에 있어서 사용자가 몰리면 몰릴수록 사용자가 계속 늘어나 그 효과가 증대되는 것이고, 생산자는 네트워크 효과로 인해 생산 규모가 커질수록 비용이 줄어드는 효과를 누릴 수 있다.

대부분의 플랫폼 기반 서비스는 '제품 · 서비스 · 데이터'를 플랫폼을 통해 상호 교환해 주는 매개형 플랫폼이 주류를 이루고 있다.

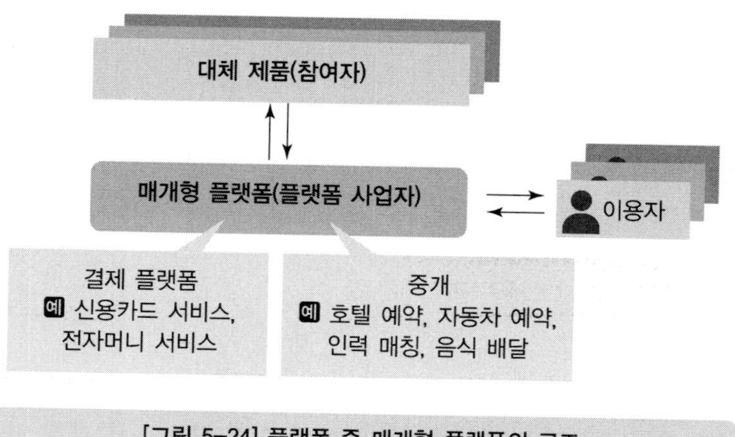

[그림 5-24] 플랫폼 중 매개형 플랫폼의 구조

다. 서비타이제이션과 데이터 서비타이제이션

(1) 서비타이제이션

서비타이제이션은 [그림 5-25]와 같이 제품과 서비스의 결합(product servitization), 서비스의 상품화(service productization), 그리고 기존 서비스와 신규 서비스의 결합 현상을 포괄하는 개념이다. 이는 대부분의 기업에게 기존의 운영방식을 탈피하여 새로운 가치 창출을 유도할 수 있는 패러다임으로 공유경제와 빅데이터 및 IoT, 그리고 플랫폼 기술이 확산되고 융복합의 흐름에 맞춰 많은 기업이 도전하고 있는 트렌드라 할 수 있다.

예를 들어, 이전에 휴대전화 가입자만 바라보았던 L 통신사의 경우, 기존 제품에 IoT 솔루션을 도입해 현재 인공지능 스피커를 비롯해 애완동물 케어 및 자동급식기 등의 서비스화를 이루고 있으며, D 기업은 기존 건물 건축 시 납품에 그쳤던 자사의 욕실 관련 제품들을 서비스화하여 새로운 시장을 만들고 있다. 또한 L 렌탈의 경우, 한 번의 클릭만으로 자동차를 렌트할 수 있는 카셰어링 서비스를 출시하고 있다. 많은 기업이 이 같은 서비타이제이션 개념을 바탕으로 자신의 제품에 최신 기술들을 반영하여 진출하고 있으며, 고객의 참여로 인해 파생되는 데이터들은 다시 기업의 데

[그림 5-25] 서비타이제이션 개념

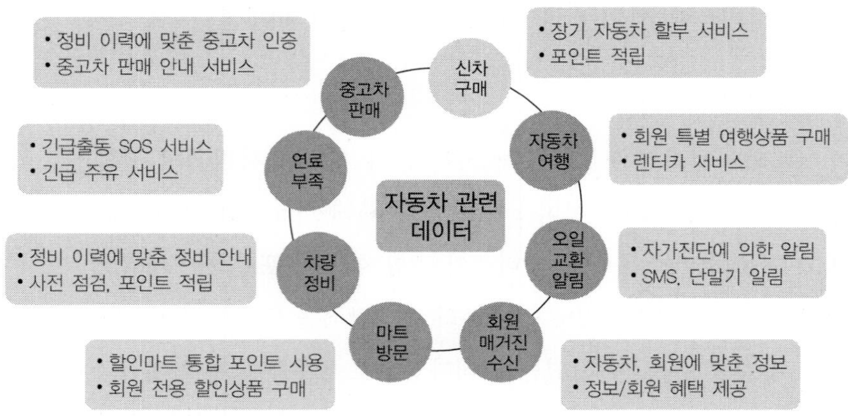

[그림 5-26] '자동차' 데이터의 서비타이제이션화

이터로 유입되어 제품-서비스화 모두에 영향을 끼칠 수 있는 체계로 변화하고 있다.

(2) 데이터 서비타이제이션

데이터와 서비스, 그리고 제품이 적절히 결합한 상태를 말한다. 데이터의 서비스화(data servitization)와 서비스의 데이터화(service datalization)를 모두 포괄한 개념으로 데이터 기반의 서비스라 할 수 있으며, 이 패러다임은 플랫폼과 빅데이터로 인해 그 가치와 시장성이 높아질 수 있다. 데이터 서비타이제이션은 기업-기관이 보유한 데이터를 지식이라는 가치로 상승시켜 서비스화하는 것으로, 그 선두 주자 중 하나로는 H 카드의 상권분석 서비스를 꼽을 수 있다. 이는 카드 거래내역 데이터를 바탕으로 다양한 상황을 유추하고 유망 상권을 분석하는 서비스이다.

해외의 경우, 국내보다 데이터 서비타이제이션이 훨씬 오래 전부터 강력하게 진행되어 오고 있다. 논문 검색 서비스를 제공하는 Elsevier의 경우, 논문이라는 데이터를 서비스화하여 애플 사와 같은 정도의 영업이익을 창출하였고, 더 빠르고 정확한 검색과 언어적 제약을 극복하기 위한 연구 개발을 지속하고 있으며, 대부분의 지식 정보 제공 플랫폼의 경우에는 데이터를 기반한 서비타이제이션을 제공하고 있는 것이라 할 수 있다.

국내에서도 기업에 축적한 데이터를 바탕으로 이를 서비스화하는 비즈니스 모델의 개발에 많은 투자를 하고 있다. 구직 · 구인을 전문으로 하는 J 사와 S 사의 경우, 공고 데이터와 이력 데이터를 바탕으로 공고에 가장 맞춤화된 인재를 매칭하는 기술투자를 지속적으로 수행하여 부가 가치를 창출하고 있으며, 음식 배달 앱은 식당 메뉴, 위치, 고객평 데이터를 기반으로 더 강화된 데이터 서비타이제이션을 제공하고 있다. 활용도가 높아질수록 해당 앱의 성능은 더욱 향상될 수 있으며, 기업이나 기관이 보유한 데이터의 가치화가 높아질수록 이로 인한 부가 가치 창출의 기회는 더욱 많아진다고 할 수 있다.

4. 요약 및 결론

본 연구는 데이터의 관점에서 서비스를 통한 새로운 부가 가치 창출의 가능성을 제시하기 위해 데이터에 대한 정의부터 미래 데이터의 방향, 그리고 데이터의 가치화를 위한 다양한 요소와 실제 데이터를 이용하여 데이터를 가치화하는 사례를 기술하였다. 기업이나 기관들이 활동을 할수록 발생되는 데이터는 데이터의 유형에 구분하지 않고 폭증하고 있기 때문에 이를 관리할 수 있도록 적극적인 기술과 관리 방안을 도입할 필요가 있다.

빅데이터와 인공지능 기술이 발전하면서 모든 문제를 해결하고 가치를 창출할 수 있을 것 같은 분위기이지만 실제 데이터를 기반한 분석은 많은 문제점과 어려움을 갖고 있으며, 이를 선제적으로 해결해야만 제대로 된 데이터 기반 서비스가 가능해진다고 볼 수 있다. 특히 본 연구에서는 단순히 빅데이터 기술이 무엇인지를 나열한 것이 아니라 빅데이터 분석, 그리고 인공지능 기술에 기반한 고차원의 서비스를 발굴하고 제공하기 위해서는 데이터 수집부터 패러다임을 완전히 변경할 필요가 있음을 강조하였다. 또한 앞에서 제안한 데이터 가치화를 위한 요소들을 기업이나 기관의 특성에 맞춰 서비스화하기 위해 재구성할 필요가 있다.

데이터 서비타이제이션을 위해서는 기업이 보유하고 있는 누적된 데이터들을 새로운 시각으로 바라보고, 이를 바탕으로 상이한 도메인들 간의 연결 고리를 추출하여 더욱 강력한 서비스를 설계할 수 있는 직관적 능력을 보유한 인재의 확보도 매우 중요하다. 아무리 많은 데이터가 있더라도 데이터들의 연관성을 바탕으로 새로운 가치 창출이 가능하다는 것을 추론할 수 있는 능력이 없으면 데이터의 부가 가치 창출은 요원할 수밖에 없다.

향후 본 연구의 실제 검증 차원에서 축적된 데이터가 많은 기업의 데이터들을 살펴보고, 데이터들의 가치화 작업을 수행하고, 이들 데이터에 대한 분석을 통해 다양한 서비스 모델을 발굴하며, 이에 기반한 실제 데이터 서비타이제이션을 수행할 필요가 있다.

[참고문헌]

김수경, 안기홍(2007). 지능형 이미지 검색 시스템을 위한 추론 기반의 웹 온톨로지 구축. 정보처리학회지, 24(3), 119-147.

박두순(2014). 빅데이터 컴퓨팅 기술. 서울: 한빛아카데미.

윤용, 이주연, 김연성(2017). 현실로 다가온 연결과 공유의 사업전략 서비타이제이션. 서울: 문무사.

이미나, 안기홍, 김수경(2017). 원천기술의 선제적 감지를 위한 다이버전스 현상 연구. 2017년도 한국통신학회 추계종합학술발표회 논문집, 90-91.

Agarwal, S., Singhal, A., & Bedi, P. (2012). Classification of RSS feed news items using ontology. 2012 12th International Conference on Intelligent Systems Design and Applications (ISDA), Nov. 2012, 27-29.

Allahyari, M., Kochut, K. J., & Janik, M. (2014). Ontology-based text classification into dynamically defined topics. 2014 IEEE International Conference on Semantic Computing, June 2014, 16-18.

Brown, A. L. (1987). Metacognition, executive control, self-regulation and other more mysterious mechanisms. In F. E. Weinert & R. H. Kluwe (Eds.), *Metacognition, Motivation and Understanding* (pp. 65-116). Hillsdale, NJ: Erlbaum.

Gruber, T. R. (1993). A translation approach to portable ontology specifications. *Knowledge Acquisition*, 5(2), 199-220.

Hogan, A. (2012). Semantic Web Languages and Standards (Primer). DERI Galway Session 1, ESWC SS 2012.

IDC(International Data Corporation) (2013). *The Digital Universe in 2020: Big Data, Bigger Digital Shadows, and Biggest Growth in the Far East.* Retrived from https://www.emc.com.collateral/analyst-reports/idc-digital-universe-united-states.pdf

IDC(International Data Corporation) (2017). *Data Age 2025: The Digitization of the World from Edge to Core*. Retrived from https://www.seagate.com/files/www-content/our-story/trends/files/idc-seagate-dataage-whitepaper.pdf

Ogden, C. K., & Richards, I. A. (2013). *The Meaning of Meaning: A Study of the Influence of Language Upon Thought and of the Science of Symbolism*. CT: Martino Fine Books.

Shapiro, C., & Varian, H. R. (1999). *Information Rules: A Strategic Guide to the Network Economy*. MA: Harvard Business School Press.

Van Alstyne, M. W., Choudary, S. P., & Parker, G. G. (2017). 플랫폼 레볼루션: 4차 산업혁명 시대를 지배할 플랫폼 비즈니스의 모든 것 [*Platform Revolution: How Networked Markets Are Transforming the Economy-and How to Make Them Work for You*]. (이현경 역). 서울: 부키. (원저는 2016년에 출판).

[웹 사 이 트]

https://en.wikipedia.org/wiki/Porphyrian_tree

https://www.flickr.com/photos/jalbertbowdenii/15136351742

https://www.ted.com/talks/fei_fei_li_how_we_re_teaching_computers_to_understand_pictures

https://youtu.be/xLPaQMs7kBo

김수경(Kim Su-Kyoung)
충남대학교 전자계산교육학 석사
한밭대학교 컴퓨터공학 박사
(전) 한국전자통신연구원 초빙연구원
(현) 한밭대학교 컴퓨터공학과 교수

김우주(Kim Wooju)
연세대학교 경영학과 학사
한국과학기술원 경영과학과 석사, 박사
(전) 전북대학교 산업정보시스템학과 교수
(현) 연세대학교 산업공학과 교수

이명애(Lee MyungAe)
연세대학교 영문학과 학사
미국 워싱턴대학교 교육측정평가 석사
연세대학교 대학원 교육측정평가 박사
(현) 한국교육과정평가원 선임연구위원

장석호(Chang Sokho)
서울대학교 경영대학원 석사
강원대학교 대학원 전자공학 박사
(전) BC카드 빅데이터센터장
(현) 데이터애널리틱스랩 대표

정연주(Chung Yeunjoo)
고려대학교 교육학과 학사
미국 뉴욕시립대학교 법심리학과 석사, 박사
(전) 미국 뉴욕시립대학교 법심리학과 겸임교수
(현) 한국행동과학연구소 연구위원

빅데이터 분석과 활용

Big Data: Analytics and Applications in Social Sciences

2019년 1월 10일 1판 1쇄 발행
2023년 11월 20일 1판 5쇄 발행

엮은이 • 한국행동과학연구소
펴낸이 • 김 진 환
펴낸곳 • (주) 학 지 사
04031 서울특별시 마포구 양화로 15길 20 마인드월드빌딩 5층
대표전화 • 02) 330-5114 팩스 • 02) 324-2345
등록번호 • 제313-2006-000265호

홈페이지 • http://www.hakjisa.co.kr
인스타그램 • https://www.instagram.com/hakjisabook

ISBN 978-89-997-1727-7 93370

정가 15,000원

저자와의 협약으로 인지는 생략합니다.
파본은 구입처에서 교환하여 드립니다.